DIE FREIMAURER

Der mächtigste Geheimbund der Welt

Jeremy Harwood

DIE FREIMAURER

Der mächtigste Geheimbund der Welt

tosa

יהוה
PSALM CXXXIII.

INHALT

TEIL EINS

EINFÜHRUNG IN DIE FREIMAUREREI

Die Freimaurer sind die älteste und größte Bruderschaft der Welt. Stark vereinfacht ist sie eine internationale Gemeinschaft von Freunden, die durch ihre Verbindung zu besseren Menschen werden wollen. Ihre Schlüsselbegriffe sind Brüderlichkeit, Integrität und rechtschaffenes Bürgertum. Ihre Anfänge liegen allerdings im Dunkeln. Manche orten die Ursprünge der Freimaurerei bei den Baumeistern der großen mittelalterlichen Kirchen und Kathedralen Europas. Andere behaupten, ihre Entstehung hätte mit den Tempelrittern zu tun gehabt, einem militärisch-religiösen Ritterorden zur Zeit der Kreuzzüge. Wieder andere meinen, dass die Wurzeln der Freimaurerei noch weiter zurückreichen – bis zu König Salomon und dem Bau des großen Tempels von Jerusalem, wenn nicht noch weiter.

Der große Tempel in der Freemasons' Hall in London. Podium vor der Orgel mit der Rekonstruktion der Ark of the Masonic Covenant, die Sir John Soane für den Grand Temple der Freemasons' Hall gebaut hatte.

IDEEN UND IDEALE

Freimaurerei ist keine Religion, auch wenn vielen Maurern christliche Werte wichtig sind. Sie bezeichnen sich als brüderlichen Orden auf der Basis von brüderlicher Liebe und Fürsorge. Ersteres bedeutet, dass Freimaurer tolerant, respektvoll, freundlich und verständnisvoll sein müssen. Fürsorge bezieht sich auf die aktive Praxis der Barmherzigkeit und Aufrichtigkeit. Jenes grundlegende Element, das alle Freimaurer teilen, ist der Glaube an ein einziges höheres Wesen. Als Mitglieder kommen daher Menschen aller Rassen und Religionen in Frage, die diese Qualifikation erfüllen und „von gutem Charakter und Ruf" sind.

In dieser französischen Lithografie sind die Werte der Freimaurerei personifiziert. Sie symbolisiert die Überzeugung, dass persönliche Entwicklung zur Erleuchtung führt.

Ein Freimaurer zu sein, bedeutet, dass man an eine göttliche Intelligenz glaubt, die das Universum regiert. Es gibt in der Freimaurerei keine Doktrinen oder Dogmen oder gar politische Strömungen. Sie ist eher ein Wertesystem, das üppig in Allegorien gehüllt und durch Symbole illustriert wird und darauf abzielt, durch den Dienst an der Allgemeinheit zu einem besseren Menschen zu werden. Die Freimaurer glauben, dass Moral und Ethik am besten auf diese Weise gelehrt werden könnte. Freimaurerei ist mit verschiedenen Weltanschauungen und Religionen kompatibel, ohne auf eine davon beschränkt zu sein.

DIE ENTSTEHUNG DER RITUALE

Viele der freimaurerischen Rituale sind über Jahrhunderte gewachsen und einige davon erscheinen dem Uneingeweihten wohl als sehr geheimnisvoll. Zum Beispiel fällt auf, dass die Freimaurerei vieles aus den Praktiken und Bräuchen der mittelalterlichen Steinmetze bezieht. Ohne Zweifel stammen der Winkel und der Zirkel – zwei der bekanntesten Freimaurer-Symbole – aus der Welt der Steinmetze. Zusammen mit der Bibel bilden sie die drei „Großen Lichter" der Freimaurerei in christlichen Ländern. In anderen Gebieten wird die Bibel durch das entsprechende Heilige Buch ersetzt.

Die vermutlich wichtigste der vielen Interpretationen des Winkels – mit seinen unbeweglichen Schenkeln im rechten Winkel – ist die Materie. Der Zirkel, der bewegliche Schenkel besitzt, steht für Bewusstsein oder Geist. Beide treten für gewöhnlich gemeinsam auf, was bedeutet, dass Materie und Geist voneinander abhängige Gegebenheiten darstellen.

VON DER MYTHOLOGIE IN DIE PRAXIS

In der Freimaurerei dreht sich alles um eine allumfassende zentrale Mythologie. Deren Hauptthema ist der Bau von König Salomons Tempel in Jerusalem. Manche Freimaurer gehen noch weiter zurück und meinen, die Freimaurerei weise starke symbolische Bezüge zu anderen Initiationsorden der Geschichte auf und stelle daher die wichtigste moderne Form der antiken Mysterienkulte dar.

FREIMAUREREI UND KIRCHE

Die freimaurerischen Ideale Aufrichtigkeit und Toleranz sowie der hohe Wert der menschlichen Seele stehen in völliger Übereinstimmung mit den Lehren des Christentums und anderer Weltreligionen. Trotzdem wurde die Freimaurerei von religiösen Organisationen angegriffen; vor allem die Römisch-Katholische Kirche warf den Freimaurern vor, im Grunde ungläubig zu sein.

Gott, der Allmächtige, auf einer Darstellung aus der Himmelfahrtskathedrale in Moskau. Der Glaube an die Existenz eines höheren Wesens bildet das Herz der Freimaurerei.

In der Praxis operieren die Freimaurer auf verschiedenen Ebenen, die durch die verschiedenen Grade symbolisiert sind, die ein Logenmitglied durchläuft, während er sich das freimaurerische Wissen aneignet. Die große Wahrheit ist, dass man sich, wenn man Freimaurer wird, der Erforschung eines einzigartigen Lebensentwurfs verpflichtet. Unter der Anleitung des Freimaurertums erreicht man schließlich das Tor, das am Beginn der großen Reise auf dem Weg der Selbsterforschung liegt. Am logischen Ende dieses Weges enthüllt sich das Wissen um die eigene innere Natur und das Verständnis, dass man harmonisch mit allem Leben auf dieser Welt verbunden ist.

Hier erhellt die Wahrheit mithilfe ihres Spiegels die Freemasons' Hall in London. Umringt ist sie von Treue, Hoffnung und Barmherzigkeit.

WURZELN UND ALLEGORIEN

Manche Freimaurer behaupten, dass die Wurzeln der Bruderschaft im antiken Ägypten und im biblischen Israel liegen. Die meisten freimaurerischen Gelehrten sind heute jedoch überzeugt, dass es für eine solche Verbindung keinerlei Beweise gibt. Sie meinen, dass die Freimaurerei in ihrer ursprünglichen Form aus den mittelalterlichen Steinmetzgilden oder aus den Resten des Wissens der Tempelritter – ein quasi-religiöser Ritterorden – nach deren Verbot entstand. Wie auch immer, ohne Zweifel bezieht die Freimaurerei ihre Riten und Rituale aus mehreren Quellen – manche davon sind überaus geheimnisvoll.

Es ist höchst unwahrscheinlich, dass man jemals die wahren Ursprünge der Freimaurerei findet. Die meisten Freimaurer sind heute der Ansicht, dass die Geschichte der Bruderschaft mit den Steinmetzgilden begann, den Erbauern der größten Kathedralen Europas. In ihnen schlossen sich Handwerker zusammen, um „angewandte Steinmetzkunst“, wie man das heute wohl nennen würde, zu praktizieren. Sie waren eine Elite, die frei reisen konnte – im Gegensatz zu Leibeigenen, die stark eingeschränkt und kontrolliert wurden. Dadurch entstand der Begriff „Frei-Maurer“.

Das Opfer der Israeliten an jener Stelle, an der Jerusalem entstehen sollte, wo Salomons Tempel erbaut wurde. Im Hintergrund sieht man den Tabernakel, in dem sich die Bundeslade befindet.

WEITERGABE VON WISSEN

Die Steinmetzgilden hatten noch zwei weitere wichtige Funktionen. Wie andere ähnliche Organisationen dieser Zeit waren sie für weitere Aufgaben zuständig: die Einweisung geeigneter Kandidaten als Lehrlinge und die Bewahrung der Geheimnisse ihres Handwerks. Da die Gesellschaft im Mittelalter von Religion durchdrungen war, gehörte die religiöse und ethische Unterweisung zur Ausbildung des Lehrlings dazu, wodurch jene Lektionen entstanden, die in den freimaurerischen Graden verkörpert sind.

Die verschiedenen Erkennungsworte und geheimen Handzeichen, die integraler Bestandteil der freimaurerischen Rituale sind, stammen vermutlich aus der strengen Geheimhaltungspolitik der Steinmetze. Ursprünglich sollten sie wahrscheinlich umherziehenden Steinmetzen helfen, Arbeit oder andere Formen der Unterstützung zu finden. Auch die Werkzeuge der Steinmetze – Senkblei, Winkel, Zirkel, Wasserwaage, Meißel, Hammer, Kelle und Richtscheit – spielten eine wichtige Rolle. In der Freimaurerei erhielten sie symbolische Bedeutungen zugeschrieben und verkörperten verschiedene moralische Tugenden.

Auf dieser Illustration aus dem 16. Jahrhundert bewegen Maurer einen Steinblock. Die Quader, wie sie in der Freimaurerei genannt werden, haben im freimaurerischen Ritual eine besondere symbolische Bedeutung.

DIE BEDEUTUNG DER ALLEGORIEN

Allegorien, die auf das Bauhandwerk Bezug nehmen, sind in den Riten und Ritualen der Freimaurerei extrem wichtig. Wenn Kandidaten verschiedene Zeremonien durchlaufen, erfahren sie zum Beispiel, dass die Maurer, die am Bau von Salomons Tempel mitwirkten, in zwei Klassen geteilt waren – Lehrlinge und Gesellen – und dass ihnen drei Große Meister vorstanden: Einer davon war Salomon selbst, der zweite war König Hiram von Tyrus und der dritte Hiram Abif, der Architekt des Tempels. Die Großen Meister waren die Hüter der letzten Geheimnisse der Baukunst. Hierin ist impliziert, dass die Freimaurerei bereits in der Zeit König Salomons entstanden ist und seitdem unverändert fortbestanden hat. In Wahrheit beruhen die Riten und Rituale der Freimaurer überhaupt nicht auf historischen Fakten. Sie sind vielmehr dramatische Allegorien, durch die wichtige Grundsätze und Lehren der Freimaurerei von Generation zu Generation weitergegeben werden.

EIDE DER FREIMAURER

Dem Außenstehenden erscheinen die grausigen Eide, die Freimaurer zum Schutz ihrer Geheimnisse schwören müssen, abstoßend bis ketzerisch. Doch dem ist nicht so. Die darin enthaltenen Verpflichtungen – vor allem diejenigen, die bei den Ritualen zu den drei Graden zu leisten sind – besaßen rein allegorischen Charakter. Die einzigen Strafen, die einem Freimaurer real von seinen Brüdern auferlegt werden können, sind Rüge, Suspension und Ausschluss.

Auf dieser französischen Abbildung aus dem 14. Jahrhundert hält der Steinmetz auf der linken Seite der Säule Winkel und Zirkel, beides wichtige Werkzeuge der Freimaurerei.

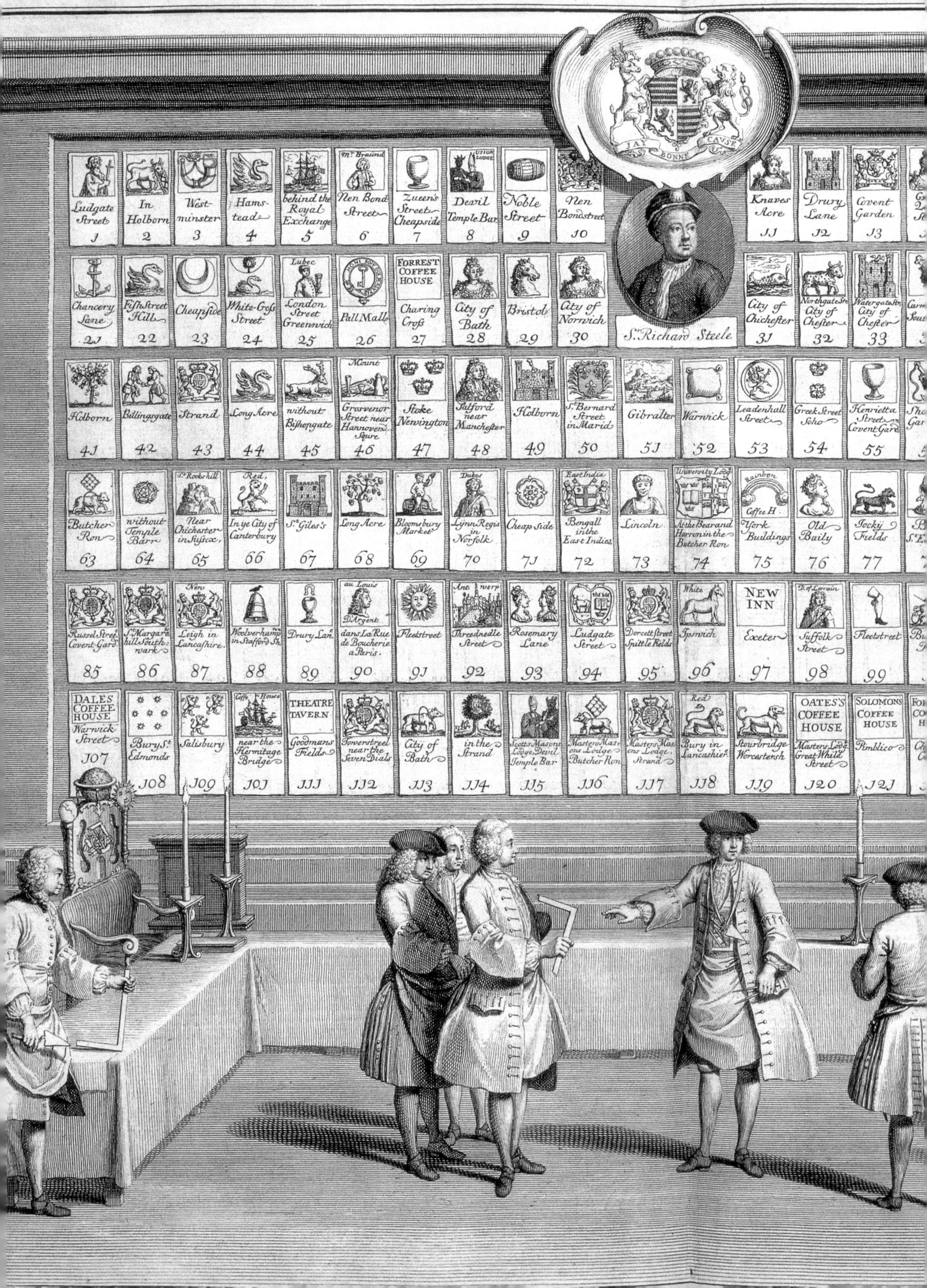
JAY BONNE CAVSE
Sr. Richard Steele
Ludgate Street 1
In Holborn 2
Westminster 3
Hamstead 4
behind the Royal Exchange 5
Mr. Braund New Bond Street 6
Queen's Street Cheapside 7
Devil Temple Bar 8
Noble Street 9
New Bondstreet 10
Knaves Acre 11
Drury Lane 12
Covent Garden 13
Chancery Lane 21
Fish Street Hill 22
Cheapside 23
White-Cross Street 24
Lubec London Street Greenwich 25
Pall Mall 26
FORREST COFFEE HOUSE Charing Cross 27
City of Bath 28
Bristol 29
City of Norwich 30
City of Chichester 31
Northgate Str. City of Chester 32
Watergate Str. City of Chester 33
Holborn 41
Billingsgate 42
Strand 43
Long Acre 44
without Bishopsgate 45
Mount Grosvenor Street near Hannover Squre 46
Stoke Newington 47
Salford near Manchester 48
Holborn 49
St. Bernard Street in Madrid 50
Gibralter 51
Warwick 52
Leadenhall Street 53
Greek Street Soho 54
Henrietta Street Covent Gard. 55
Butcher Row 63
without Temple Barr 64
St. Rooks hill Near Chichester in Sussex 65
Red, In ye City of Canterbury 66
St. Giles's 67
Long Acre 68
Bloomsbury Market 69
Dukes Lynn Regis in Norfolk 70
Cheap side 71
East India Bengall in the East Indies 72
Lincoln 73
University Lodge At the Bear and Harrow in the Butcher Row 74
Rainbow Coffee H. York Buildings 75
Old Baily 76
Jocky Fields 77
Russel Street Covent Gard. 85
St. Margarets hill South-wark 86
New Leigh in Lancashire 87
Woolverhamton in Stafford Sh. 88
Drury Lan. 89
au Louis D'Argent dans La Rue de Boucherie a Paris 90
Fleetstreet 91
Antwerp Threedneedle Street 92
Rosemary Lane 93
Ludgate Street 94
Dorcett street Spittle Fields 95
White Ipswich 96
NEW INN Exceter 97
D. of Lorrain Suffolk Street 98
Fleetstreet 99
DALES COFFEE HOUSE Warwick Street 107
Bury St. Edmonds 108
Salisbury 109
Coffee House near the Hermitage Bridge 101
THEATRE TAVERN Goodmans Fields 111
Towerstreet near the Seven Dials 112
City of Bath 113
in the Strand 114
Scotts Masons Lodge, Devil Temple Bar 115
Masters Masons Lodge Butcher Row 116
Masters Masons Lodge, Strand 117
Red Bury in Lancashier 118
Stourbridge Worcestersh 119
OATES'S COFFEE HOUSE Masters Lodg. Great Wild Street 120
SOLOMONS COFFEE HOUSE Pimblico 121

TEIL ZWEI

LEGENDEN UND GESCHICHTE

Die Traditionen der Freimaurer bestehen aus einer bunten Mischung von mystischen Legenden und historischen Fakten. Das ist zum Teil der grundlegenden Veränderung zuzuschreiben, welche die Freimaurerei im 18. Jahrhundert durchlief. Eine Zeit, die als Aufklärung bekannt wurde und in der die Logen begannen, Mitglieder zu akzeptieren, die keine Steinmetze waren. Unter diesen waren Männer wie Wolfgang Amadeus Mozart, Johann Wolfgang von Goethe, Friedrich der Große und George Washington. Deshalb nannten sich viele Logen nun „Symbolische Loge" anstelle von „Werkloge", da sie sich mit Ideen und Idealen beschäftigten und weniger mit echten Steinen. Diese Ideale gelten in der Freimaurerei bis heute.

Freimaurer auf einer Illustration aus dem 18. Jahrhundert. An der Wand sieht man die Urkunden jener Logen, die seit der Gründung der Großloge in London 1717 entstanden sind. Um 1750 gab es in England mehrere hundert Logen.

DIE TEMPELRITTER

Seit der Gründung der ersten Großloge der modernen Freimaurerei 1717 wurden Spekulationen über die Ursprünge der Freimaurerei angestellt. Es gab diverseste Theorien, doch eine der faszinierendsten lautete, dass die Freimaurerei zu Beginn des 14. Jahrhunderts in Schottland ihren Anfang nahm und ihre Gründung überlebenden Tempelrittern verdankte, die nach dem Verbot des Ordens in Frankreich hierher geflohen waren. Um sich vor Entdeckung und Verfolgung zu schützen, nahmen sie die Bezeichnung Freimaurer an und sicherten so ihr Überleben, wenn auch unter einem anderen Namen.

Templergruften auf einer Darstellung aus dem 19. Jahrhundert. Der Orden war eine bedeutende Macht im mittelalterlichen Europa. Der freimaurerischen Überlieferung zufolge flohen einige Tempelritter nach Schottland, wo sie die schottische Freimaurerei mitbegründeten.

Die Tempelritter waren ein militärischer Mönchsorden, der nach dem Ersten Kreuzzug (1095–1099) gegründet wurde, um die Pilger auf ihrer Reise ins Heilige Land zu beschützen. In ihren Anfängen waren sie überaus bescheiden und lebten von Almosen. Doch innerhalb von zwei Jahrhunderten wurden sie so mächtig und reich, dass sie sich jedem widersetzen konnten, bis auf den Papst in Rom. Tatsächlich war es Papst Innozenz II. (1130–1143), der sie von jeder Verpflichtung weltlichen Mächten gegenüber befreite.

Es war gerade ihre Macht – und ihr enormer Reichtum, den sie durch Geldverleih an Könige anhäuften –, die die Tempelritter zu Fall brachte. 1307 befahl König Philipp IV. von Frankreich mit Unterstützung von Papst Clemens V., alle Tempelritter wegen Häresie zu verhaften (ihre geheimen Treffen und Rituale boten ihm die perfekte Ausrede). Sieben Jahre später wurde der Orden aufgelöst und Jacques de Molay, sein letzter

Großmeister, auf dem Scheiterhaufen verbrannt. Die Überlebenden waren zerstreut, die Macht des Ordens anscheinend für immer gebrochen.

VON DER HISTORIE ZUR SPEKULATION

So viel ist historisch belegt. Alles andere – insbesondere die Behauptung, überlebende Tempelritter wären für die Gründung der Freimaurerei verantwortlich gewesen – ist nicht verifizierbare Spekulation. Es gibt jedoch noch andere Faktoren, die diese Theorie bis zu einem gewissen Grad stützen.

Obwohl es allgemein als gesichert gilt, dass die Freimaurerei ihren Anfang im mittelalterlichen Schottland nahm, sind die Gründe dafür unklar. In Schottland gab es nur wenige Steinmetzgilden, auf dem europäischen Kontinent hingegen viele. Daher wäre es logischer, wenn sie in Europa entstanden wäre, doch dem war nicht so. Es gibt noch einen Hinweis auf die Verbindung zwischen Templern und Freimaurern: Rosslyn Chapel, ein paar Meilen südlich von Edinburgh. Erbaut wurde die Kapelle 1440 von Sir William St. Clair, um Artefakte aufzubewahren, die die Tempelritter 1126 nach Schottland gebracht hatten.

Es wurde behauptet, dass die Kapelle als Kopie des Herodes Tempels in Jerusalem erbaut wurde, den die Templer in ihrer Zeit im Heiligen Land ausgegraben hatten. Außerdem enthält die Kapelle ein einzigartiges Relief, das angeblich die Initiation eines Freimaurers durch eine Person darstellen soll, die den Umhang eines Tempelritters trägt.

DIE VERBINDUNG ZU ROSSLYN

Die einzigartigen Steinmetzarbeiten in Rosslyn Chapel machen sie für die schottische Freimaurerei so bedeutend. Ein Relief zeigt den Baumeister der Kapelle, der in einem Akt, der an die Ermordung von Hiram Abif (dem Architekt des Salomontempels) erinnert, in wilder Rage seinen Lehrling (apprentice) getötet haben soll und daher die so genannte Apprentice Pillar („Lehrlingssäule") erbaute. Diese Säule repräsentiert den nordischen Baum der Weisheit, die Entsprechung des christlichen Lebensbaumes.

Die Apprentice Pillar in Rosslyn Chapel war vermutlich das Werk des Lehrlings des Baumeisters. In einem Eifersuchtsanfall ob deren Perfektion tötete der rasende Meister seinen Lehrling.

Rosslyn Chapel in Schottland soll dem Herodestempel in Jerusalem nachgebildet worden sein und an ihrem Bau sollen Tempelritter mitgewirkt haben.

Leider fehlen für all das einwandfreie historische Beweise. Auch wenn viele Gelehrte an dieser Verbindung zweifeln, ist es gut möglich, dass flüchtige Templer in die Bruderschaften schottischer Steinmetze aufgenommen wurden.

Ein undatiertes Freimaurerabzeichen aus Schottland zeigt die Verbindung zwischen Freimaurerei und Tempelrittern. Man glaubt, dass sich geflohene Tempelritter Werklogen in Schottland angeschlossen haben.

MYTHEN UND RITUALE

Für Freimaurer haben Mythen einen äußerst hohen Stellenwert, vor allem, wenn es um die Praxis von Ritualen und um Mysterien der Bruderschaft geht. Salomons Tempel ist so wichtig, weil er für die Freimaurer das erste Beispiel für göttliche Architektur darstellt. Auch Verbindungen zum antiken Ägypten werden vermutet. Es gibt ganz klare Parallelen zwischen der Legende von Hiram Abif und der viel älteren von Isis und Osiris. Auch die griechische Mythologie spielt eine Rolle, da die Mathematik, genau gesagt, die Geometrie, in der Freimaurerei ein zentrales Thema darstellt.

DER MYTHOS DER SÄULEN

Bei freimaurerischen Zeremonien haben Säulen einen auffälligen Stellenwert, insbesondere die benannten Säulen Boas und Jachin. Der freimaurerischen Überlieferung zufolge standen die ursprünglichen Säulen am Eingang zu König Salomons Tempel, Boas links, Jachin rechts vom Portal. Sie sollen angeblich dazu gedient haben, der herrschenden Dynastie göttliche Legitimation zu verleihen.

Auf Hebräisch bedeutet Jachin „denn Gott wird errichten", Boas hingegen ist aus zwei Wörtern zusammengesetzt: „bo" heißt „in ihm" und „as" so viel wie „Stärke". Die Säulen standen daher für die Macht Gottes.

Die Säulen waren aus Bronze und mindestens 3 m hoch. Innen waren sie hohl – allerdings wurde die Theorie, dass darin geheime Archive aufbewahrt wurden, schon lange verworfen –

Schurz eines französischen Freimaurermeisters aus dem 18. Jahrhundert. Beachtenswert sind die beiden Säulen, die Boas und Jachin darstellen (aus der Perspektive des Tempels), der Tempel selbst und die freimaurerischen Symbole im Vordergrund.

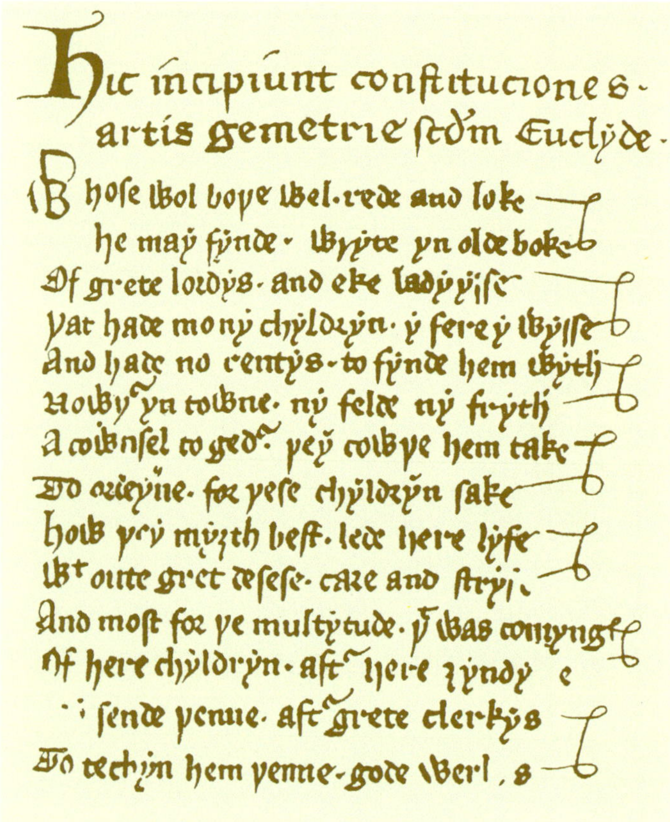

Hic incipiunt constituciones artis gemetrie scdm Euclyde.
Whose wol bothe wel rede and loke
he may fynde wryte yn olde boke
Of grete lordys and eke ladyysse
yat hade mony chyldryn y fere ywysse
And hade no rentys to fynde hem wyth
Nowther yn towne ny felde ny fryth
A counsel togeder they cowthe hem take
To ordeyne for these chyldryn sake
How they myzth best lede here lyfe
Withoute gret desese care and stryf
And most for the multytude that was comynge
Of here chyldryn after here endynge
They sende thenne after grete clerkys
To techyn hem thenne gode werkys

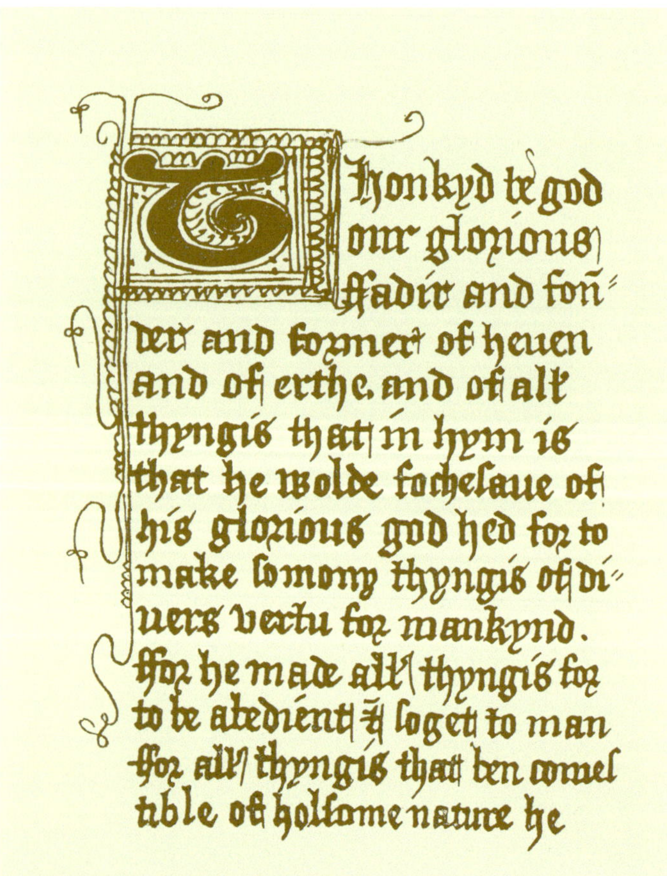

Thonkyd be god our glorious fadir and fonder and former of heuen and of erthe and of all thyngis that in hym is that he wolde fochesaue of his glorious god hed for to make so mony thyngis of diuers vertu for mankynd. For he made all thyngis for to be abedient & soget to man for all thyngis that ben comestible of holsome nature he

und außen mit Kapitellen in Form großer Schalen geschmückt, von denen jede 2 m im Durchmesser maß.

Den Rand der Schalen zierten zwei Reihen Granatäpfel und Lilien. Beide haben in der Freimaurerei eine spezielle Bedeutung: der Granatapfel symbolisiert den Überfluss, die Lilie steht für die Notwendigkeit von Anstand und Rechtschaffenheit. Die Bedeutung von Boas wird im Initiationsritus zum ersten Grad der Freimaurerei enthüllt, die von Jachin beim Ritual zum Übergang vom ersten zum zweiten Grad.

DIE ÄLTESTEN DOKUMENTE

Jene Manuskripte, in denen sich die ersten Hinweise auf freimaurerische Praktiken finden, stammen aus dem frühen Mittelalter. Sie sind ein wichtiger Teil der mythischen Traditionen der Freimaurerei. Man muss ihren Inhalt kennen, um die Freimaurerei wirklich zu verstehen.

Die alten Dokumente stammen allesamt aus England. Die ältesten sind das Regius- und das Cooke-Manuskript, die um 1390 bzw. 1420 entstanden. Vermutlich ist das letztere authentischer, da der Inhalt vermuten lässt, dass es ein praktizierender Freimaurer verfasst hat. Der Großteil der anderen Dokumente stammt aus dem späten 16. bis frühen 18. Jahrhundert, beginnend mit dem *Grand Lodge No. 1 Manuscript* vom Dezember 1583. Historiker zweifeln die Authentizität späterer Dokumente an und halten sie für antiquarische Kuriositäten. Das Regius-Manuskript ist in Versen geschrieben, alle anderen in Prosa. Abgesehen davon haben sie alle mehr oder weniger dieselbe Form. Sie beginnen mit einem Eröffnungsgebet, gefolgt von einer detaillierten Geschichte der Freimaurerei, deren Ursprünge bis zur Sintflut zurückverfolgt und deren Entwicklung bis nach

Seiten aus dem Regius- (oben) und dem Cooke-Manuskript (unten). Sie entstanden Ende des 14. und Anfang des 15. Jahrhunderts und bilden zusammen mit anderen Dokumenten die so genannten „Alten Pflichten" der Freimaurer.

Ein Auszug aus dem William-Watson-Manuskript. Dies könnte ein weiteres bedeutendes Dokument der Freimaurerei darstellen, doch Historiker bezweifeln dessen Echtheit ebenso wie die anderer, jüngerer Dokumente. Dieses Manuskript soll aus dem Jahr 1687 stammen.

England zu Zeiten der Sachsen beschrieben werden. Daran schließt ein Codex von Regeln für Meister, Gesellen und Lehrlinge an, in dem es um Praktiken, Werte, Vorschriften für Versammlungen, Verfahrensweisen für die Behandlung und Bestrafung von Missetätern sowie die Zulassungsprozeduren für „neue Mitglieder, die noch nie belangt wurden", geht, wozu auch ein Treueeid gehört.

DIE LEGENDE VON ENOCH

Wie, wann, warum und wo die Freimaurerei begann, ist selbst Gegenstand einer Legende. Sie kann bis zur Zeit von Enoch zurückverfolgt werden, dem siebten der hebräischen Patriarchen des Alten Testaments und Urgroßvater von Noah. Er soll eine Bruderschaft initiiert haben, in der die ewigen Wahrheiten der Freimaurerei durch Zeichen, Symbole, Mystik und Mysterien enthüllt wurden.

DIE LEGENDE VON HIRAM

Die Legende von Hiram Abif, dem Meisterarchitekten von König Salomons Tempel, ist eine der zentralen Allegorien in der Freimaurerei. Seine Ermordung durch drei Untergebene, weil er sich weigerte, die Geheimnisse der Meister-Kunst preiszugeben, und seine Auferstehung, die als Erhebung von einer „toten Ebene" zu einer „lebenden Lotrechten" beschrieben wird, ist ein Kernstück des Rituals am Übergang vom zweiten zum dritten Grad.

Eine Darstellung des Todes von Hiram Abif, König Salomons Meisterarchitekt, der von Untergebenen ermordet wurde, weil er sich weigerte, die größten Geheimnisse der Maurerkunst zu verraten.

Die Geschichte lautet wie folgt: Jeden Tag ging Hiram Abif um Punkt zwölf Uhr mittags in den Tempel, um zu beten. Eines Tages lauerten ihm drei seiner Untergebenen, die Meister werden wollten, auf. Als er herauskam, wollten sie ihn zwingen, ihnen die geheimen Erkennungsworte zu verraten. Da er sich weigerte, attackierten ihn die drei nacheinander, bis er schließlich tot am Boden lag. Die Mörder vergruben ihr Opfer, doch ein von Salomon persönlich angeführter Suchtrupp entdeckte das Grab. Nachdem Lehrlinge und Gesellen vergeblich versucht hatten, ihn wieder zum Leben zu erwecken, ließ ihn Salomon mit „dem starken Griff einer Löwenpranke" auferstehen.

Diese Legende wurde zwischen 1723 und 1738 Teil der Freimaurerei. Es handelt sich dabei um ein rituelles Drama, das bei der Einführung zum dritten Grad in der Loge aufgeführt wird, wobei der Kandidat die Rolle von Hiram Abif spielt. Durch diese Zeremonie lernt er, wie sich seine Seele über seine inneren Feinde – Ignoranz, Begierde, Leidenschaft und Sünde – erheben kann, sodass er zum Meister seiner selbst und seiner Bestimmung werden kann.

Die Darstellung der Ermordung von Hiram Abif ist ein zentraler Bestandteil des Rituals zum dritten Grad.

Nach dem symbolischen Tod wird der Kandidat erhoben, das Gesicht bedeckt, Schwerter auf ihn gerichtet.

DIE MYSTERIEN

Dem großen freimaurerischen Gelehrten Albert Mackey zufolge wurde die Legende des Hiram Abif aus den antiken Mysterien des frühen Ägypten, Mesopotamien und Rom entlehnt. Dies beschreibt er in seinem *Manual of the Lodge*, wo er ausführt, dass es in der Bibel keinen Beweis für die Existenz einer solchen Person gibt und dafür, dass sie auf diese Weise gestorben wäre. Abif ist weniger Teil einer biblischen Überlieferung, sondern steht für die Götter Osiris, Baal und Bacchus.

Dies ist längst nicht die einzige mutmaßliche Verbindung zu den antiken Mysterien. Es wird auch behauptet, dass Winkel und Zirkel antike heidnische Sonnengottheiten repräsentieren; außerdem werden Freimaurertempel genauso wie die Sonnentempel im antiken Nahen Osten Ost-West ausgerichtet. Darüber hinaus sehen viele freimaurerische Gelehrte viele Ähnlichkeiten zum Mithraskult, dem Kult des persischen Gottes Mithras, der sich von seiner Heimat schließlich über das gesamte römische Reich ausbreitete.

Viele moderne Freimaurer zweifeln die direkten und indirekten Parallelen zwischen der Freimaurerei und antiken Mysterienkulten an. Sie geben zwar zu, dass es Ähnlichkeiten zwischen ihrer Bruderschaft und den alten Kulten gibt – so existierten auch im Mithraskult Initiationsriten zwischen den einzelnen Graden –, meinen jedoch, dass diese nur oberflächlicher Natur sind. Die meisten Freimaurer beschäftigen sich jedoch mehr mit den Äußerlichkeiten der Rituale oder der Organisation als mit dem, was dahinter steckt.

MITHRAS UND FREIMAURER

Albert Pike, ein Freimaurer aus dem 19. Jahrhundert, schrieb, dass die Freimaurerei „der moderne Erbe" der antiken Mysterienkulte sei, und Sir Samuel Dill nannte den Mithraskult „eine heilige Freimaurerei". Es gibt gewiss Ähnlichkeiten. Wie die Freimaurerei war auch der Mithraskult in Grade unterteilt, die jeweils mit einer eigenen Zeremonie initiiert wurden. Bei beiden ist Wohltätigkeit wichtig und in beiden bezeichnen sich die Mitglieder gegenseitig als „Bruder".

Eine zeremonielles Schwert, wie es bei der Initiation zum Meister verwendet wird. Der größte Teil der Klinge ist mit freimaurerischen Symbolen verziert.

KLASSISCHE MYTHEN

Ägypten galt schon immer als Geburtsstätte der Mysterien. Hier wurden erstmals Initiationszeremonien abgehalten, Wahrheiten in allegorische Verse gefasst und die Dogmen der Religion in symbolischer Form vermittelt. Manche glauben, dass die Legende von Hiram Abif auf dem Schicksal des ägyptischen Gottes Osiris beruht. Thoth, der altägyptische Gott der Weisheit, spielte bei der Bewahrung des Wissens über die Steinmetzkunst und dessen Vermittlung an spätere Generationen eine wichtige Rolle. Auch Griechenland wurde mit Symbolismus in Verbindung gebracht – durch die eleusinischen Mysterien und Männer wie Pythagoras.

VON DEN ÄGYPTERN LERNEN

Viele Elemente der freimaurerischen Architektur und Bekleidung – vor allem der Schurz – gehen auf altägyptische Vorläufer zurück. Leider ist es der Forschung bislang nicht gelungen, eine kausale Verbindung zwischen den beiden herzustellen. Wir wissen jedoch, dass die Architekten und Handwerker, die an den monumentalen Bauprojekten dieser Kultur wie etwa den Pyramiden mitwirkten, einen gewissen sozialen Status innehatten. Außerdem waren sie in Gilden organisiert. Hinweise darauf finden sich in Papyri, auf denen eine Gilde beschrieben wird, die um 2000 v. Chr. geheime Treffen abhielt. Dabei diskutierten ihre Mitglieder Arbeitsbedingungen, Löhne und Regeln für die tägliche Arbeit. Außerdem gewährten sie Unterstützungen an Witwen und Waisen sowie Arbeiter in Not. Die Parallelen zwischen den hier beschriebenen organisatorischen Pflichten und denen eines Aufsehers oder Meisters in einer Freimaurerloge sind bestechend. Dies könnte allerdings auch reiner Zufall sein und es ist unwahrscheinlich, dass irgendjemand jemals die Wahrheit herausfindet.

Unten links: Die Königsgräber außerhalb von Theben zeigen, wie wichtig die Hieroglyphen im alten Ägypten waren. Einige davon entlehnte die Freimaurerei.

Unten rechts: Manchen Gelehrten zufolge gibt es eine Verbindung zwischen Isis, der ägyptischen Göttin der Fruchtbarkeit, ihrem Mann Osiris und der Freimaurerei.

VON DEN GRIECHEN LERNEN

Ebenso wie die alten Ägypter – so waren einige Freimaurer überzeugt – beeinflusste auch die Kultur der antiken Griechen die Entwicklung der freimaurerischen Rituale stark. Die Eleusinischen Mysterien – so genannt, weil sie in Eleusis bei Athen stattfanden – weisen Parallelen zum Gedenken an das Märtyrertum von Hiram Abif auf, doch auch das kann bloßer Zufall sein.

Eine bedeutende griechische Gestalt, die für gewöhnlich mit der Freimaurerei assoziiert wird, ist Pythagoras, ein ionischer Grieche, der vermutlich um 590 v. Chr. auf der Insel Samos geboren wurde und zu einem der berühmtesten Mathematiker aller Zeiten wurde. Er begründete seine eigene Geheimgesellschaft, die Pythagoräer, in der der fünfzackige Stern, das Pentagramm, ein Symbol für Gesundheit und Wissen darstellte. Dieses Zeichen wurde auch mit Initiationsriten in

Mitte: Die Sphinx und die Pyramiden wurden vielleicht von Vorläufern der Freimaurer erbaut.

Unten: Das Labyrinth, das Dädalus für König Minos von Kreta erbaute. Manche halten Dädalus für einen frühen Vertreter der Freimaurer.

DIE ELEUSINISCHEN MYSTERIEN

Von allen Mysterienkulten der Antike gelten die von Eleusis als die bedeutendsten. Im Wesentlichen waren dies Initiationszeremonien für Demeter, die griechischen Göttin des Lebens, der Landwirtschaft und der Fruchtbarkeit, und ihre Tochter Persephone. Bei den Mysterien wurde die Wiedervereinigung von Persephone und ihrer Mutter gefeiert, nachdem Hades, der Gott der Unterwelt, die Tochter entführt hatte.

Verbindung gebracht, ebenso wie in der freimaurerischen Ikonografie – es taucht häufig auf Hoheitszeichen, etwa den Kleinodien des Logenmeisters oder des Großmeisters, sowie in dekorativen Darstellungen auf. Einer der Gründe dafür könnte darin bestehen, dass man es als Symbol für den Goldenen Schnitt interpretieren kann, dessen Kenntnis für alle Architekten und Baumeister von großer Bedeutung ist.

Auch ein anderer Grieche gilt manchen als eng mit der Freimaurerei verbunden: der Erfinder-Handwerker Dädalus, der das kretische Labyrinth für König Minos ersann, in dem der legendäre Minotaurus hauste. Dädalus soll der Erfinder einiger Werkzeuge gewesen sein, die für die Freimaurer-Grade wichtig sind, vor allem das Senkblei; sein Neffe Perdix soll den Zirkel erfunden haben, das dritte Große Licht der Freimaurerei.

Der Sage zufolge ignorierte Dädalus' Sohn Ikarus auf der Flucht von Kreta den Rat seines Vaters und bezahlte mit dem Leben. Das Wachs in seinen Flügeln schmolz, als er der Sonne zu nahe kam, und er stürzte ab.

DIE RENAISSANCE

In der Renaissance durchlief die westeuropäische Gesellschaft radikale Veränderungen. Um 1450 wurde in Florenz eine platonische Akademie gegründet und 1471 tauchte eine lateinische Übersetzung des griechischen *Corpus Hermeticum* auf. Es sollte sich als überaus einflussreich erweisen. Die Freimaurerei hatte die Bedeutung des antiken Wissens längst erkannt und beteiligte sich an der hermetischen Suche nach verlorenen Weisheiten.

Wie viele andere Denker träumten auch die Freimaurer von größerer Freiheit des Denkens, politischen und religiösen Reformen. Angesichts des gesellschaftlichen Klimas, in dem viele Regierungen und die katholische Kirche solch radikale Gedanken streng ablehnten, überrascht es nicht, wenn freimaurerische Aktivitäten nun heimlich stattfanden.

James VI. und I. mit seiner Frau Anna von Dänemark. James war ein aufrechter Förderer der Freimaurerei.

In dieser turbulenten Zeit veränderte sich das Wesen der Freimaurerei. Der Impuls dazu ging von Schottland aus, wo König James VI. und I. Sir William Schaw, einen schottischen Adeligen mit einem leidenschaftlichen Interesse für Architektur, 1583 zum Werkmeister und Generalaufseher ernannte. 1598 gab Schaw das erste, später berühmt gewordene Statut heraus, in dem die Pflichten der Freimaurer gegenüber ihren Logen beschrieben wurden. Das zweite, 1599 herausgegebene Statut ist das erste freimaurerische Dokument, das den verschleierten Hinweis auf esoterisches Wissen innerhalb der Bruderschaft enthält. Der neue Geist der Renaissance zeigte Wirkung; Schaw konnte freimaurerische Mythologie aus dem Mittelalter weiterentwickeln. In Schottland dürfte die Freimaurerei loyalen Rückhalt gehabt haben. William Preston schreibt in seinen *Illustrations of Masonry* (1772), James sei „der Schutzherr der Gelehrten und ein eifriger Förderer der Freimaurerei gewesen".

Schottische Quellen berichten, dass er „die Logen mit seiner königlichen Anwesenheit beehrte". Er legte fest, dass jeder Meister dem Großmeister, der von der Großloge gewählt und von der Krone anerkannt wurde, jährlich vier schottische Pfund zahlen musste.

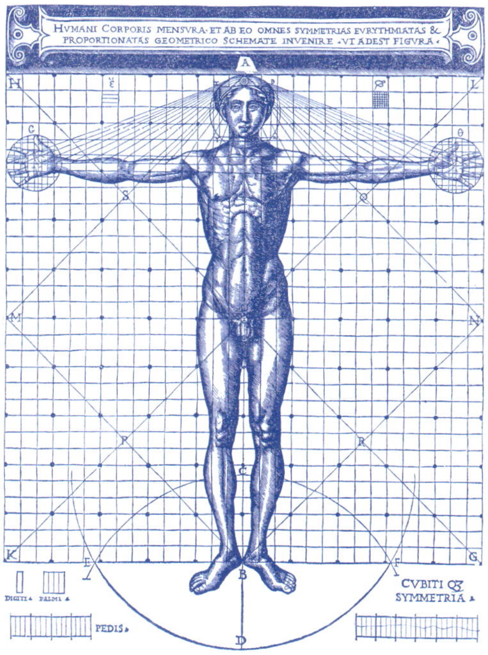

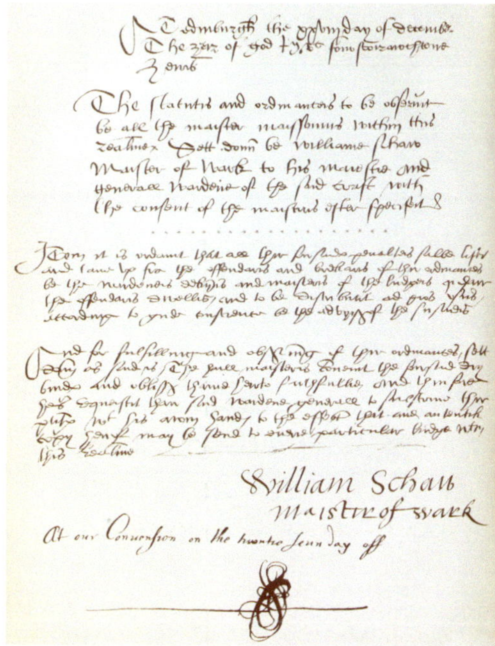

William Schau
Maistir of wark

Oben links: Die Vorstellung von den idealen Proportionen wurde für die Freimaurerei zu einem wichtigen Prinzip.

Oben rechts: Ein Brief von Sir William Schaw, Werkmeister unter James VI. und I. Selbst ein Freimaurer, spielte Schaw eine führende Rolle bei der Organisation und Ausbreitung der schottischen Freimaurerei.

Unten: Symbolische Darstellung eines Astrologen aus dem 17. Jahrhundert. Die Anfänge der modernen Wissenschaft waren eng mit denen der symbolischen Freimaurerei verknüpft.

James war auch der erste König, der Freimaurer war; er wurde 1601 mit 35 Jahren in der Lodge of Scots and Perth initiiert.

Der älteste bekannte Bericht über eine Initiation ist der über die Einführung von John Boswell, Laird of Auchenleck, in der Lodge of Edinburgh vom Juni des Jahres 1600.

So war alles bereit für die Veränderung der Freimaurerei, die im 17. Jahrhundert stark zulegen sollte, obwohl nicht ganz geklärt ist, wie sich der Übergang von der Werk- zur intellektuellen Freimaurerei wirklich vollzogen hat. Wir wissen nur, dass sich das, was wir als angewandte oder Werkmaurerei bezeichnen, zur so genannten symbolischen Freimaurerei wandelte, als das Gildenwesen zusammenbrach. Der angewandte Teil ging schließlich völlig verloren, als sich die Freimaurer vor allem aus dem Adel und dem aufkeimenden Bürgertum rekrutierten.

FORSCHUNG UND ALCHEMIE

Das 17. Jahrhundert war eine Zeit großer politischer und sozialer Umwälzungen. In Großbritannien wurde Charles I. geköpft, in Kontinentaleuropa herrschten 30 Jahre lang erbitterte Religionskriege. Die Freimaurer wurden rasch zahlreicher, in enger Verbindung mit einer neu entstandenen Generation von Forschern und Gelehrten, von denen sich viele der Bewegung anschlossen. Die Freimaurerei kam so sehr in Mode, dass akzeptierte Mitglieder (die Bezeichnung für Nicht-Werkmaurer) in vielen Logen bald in der Überzahl waren.

Wissenschaftler wie Robert Boyle, Christopher Wren und Isaac Newton waren allesamt Mitglieder der Royal Society, die als quasi-freimaurerische Institution, genannt „Invisible College" („Unsichtbares Kollegium") begonnen hatte. Treffen wurden häufig im Compton Room beim Canonbury Tower im Norden Londons abgehalten. Der Raum war mit freimaurerischen Schnitzereien geschmückt, die Francis Bacon, selbst Freimaurer und eines der Gründungsmitglieder des Invisible College, beauftragt hatte. Der Meister der Induktion wurde oft als „Vater der modernen Wissenschaft" bezeichnet. Zu Beginn war das Invisible College nur im Geheimen tätig, da zu dieser Zeit Angst, staatliche Kontrolle und Intoleranz herrschten. Galileo, einer ihrer Mitbegründer, wurde von der Katholischen Kirche verdammt, da er behauptet hatte, die Erde würde sich um die Sonne drehen. Zur Sicherheit wurde daher über esoterische, ethische oder wissenschaftliche Fragen nur im Verborgenen diskutiert. Es scheint mehr als wahrscheinlich, dass sich jene, die ein Vehikel suchten, wo sie Meinungen äußern konnten, die Außenstehende als gefährlich

Astronomen suchen am Himmel nach Sternen und Planeten. Viele Wissenschaftler der neuen Generation waren Freimaurer.

erachten konnten, der Freimaurerei zuwandten. Dadurch entstand eine neue Form der symbolischen Bruderschaft, die nur noch allegorische Ähnlichkeiten mit den Handwerksgilden besaß.

Oben: Das Labor eines Alchemisten. Die Suche nach dem Stein der Weisen und dem Lebenselixier war Teil jenes Drangs nach Wissen, der mit den wichtigsten freimaurerischen Prinzipien gut zusammenpasste.

Mitte: Der Anwalt und Philosoph Sir Francis Bacon war Lordkanzler von König James VI. und I. und einer der führenden Köpfe im Invisible College, dem Vorläufer der Royal Society.

Unten: Die Alchemie verwandelte sich langsam in die moderne Chemie. Freimaurer waren an all den neuen Wissenschaften interessiert, vor allem an der Geometrie.

ALTER GLAUBE, NEUES WISSEN

Alte und neue Überzeugungen vermischten sich in der Wissenschaft ebenso wie in der Freimaurerei. Elias Ashmole, einer der ersten belegten Initianden in der englischen Freimaurerei, wurde 1646 in Warrington, Lancashire, initiiert. Er war ebenfalls Gründungsmitglied der Royal Society und ist ein gutes Beispiel dafür, wie alte Geheimlehren und neue Wissenschaft nebeneinander existieren konnten. 1652 erschien Ashmoles *Theatrum Chemicum Britannicum*, eine Zusammenstellung sämtlicher Schriften englischer Autoren über Alchemie, darunter auch die von Dr. John Dee, dem großen elisabethanischen Gelehrten und angeblichen Zauberer. Man sollte nicht vergessen, dass die Gelehrten damals noch an die Verwandlung von unedlen Metallen in Gold glaubten, an ein Lebenselixier und Ähnliches. Newton selbst versuchte lange Zeit, das Datum für das Ende der Welt zu berechnen.

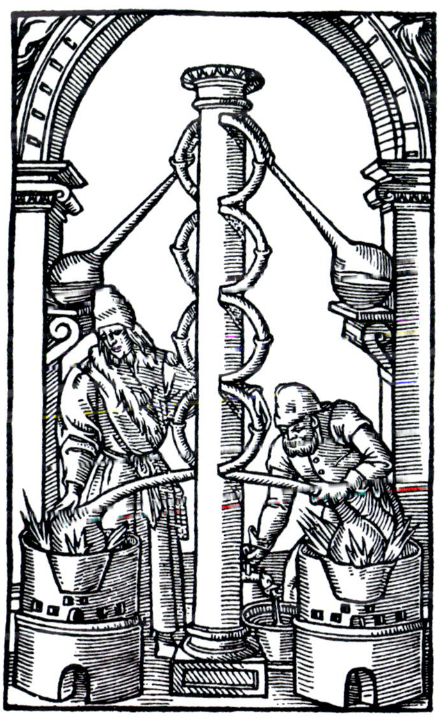

Der für die Freimaurerei interessanteste Zweig der Wissenschaft war ohne Zweifel die Geometrie. Die Kenntnis der Geometrie war ein essenzieller Bestandteil der freimaurerischen Tradition. Nun kamen Freimaurer zu der Ansicht, dass dieses Wissen ihnen ermöglichen würde, jene Prinzipien zu erkennen, auf denen die Welt und die Gesellschaft beruhten.

WAR SIR FRANCIS BACON EIN FREIMAURER?

Obwohl viele behauptet haben, dass Sir Francis Bacon ein Freimaurer war, gibt es keine historischen Beweise dafür, dass er jemals formell in die Bruderschaft eingeführt wurde. Belegt ist jedoch, dass er die Errichtung der Masons' Hall in London als Modell für ein allegorisches „Haus des Salomon" aktiv förderte; die Inspiration hierzu entstammte übrigens Bacons gefeiertem Traktat The New Atlantis.

DIE ÄRA DER AUFKLÄRUNG

Das 18. Jahrhundert brachte für die Freimaurerei einige große Neuerungen. 1717 schlossen sich vier Logen in London zur ersten Großloge zusammen. 1731 erhielt die Großloge von Pennsylvania als erste auf dem Gebiet der späteren USA ihre Konstitution; gegen Ende dieser Dekade gab es bereits Logen in Belgien, Russland, Italien, Deutschland und der Schweiz. In Paris wurden bis zum Jahr 1742 fünf Logen gegründet.

Freimaurerei stand für Rationalismus, Gottesglaube und Mildtätigkeit – drei der wichtigsten Merkmale der aufklärerischen Strömungen, die sich rasch ausbreiteten. Unterschiede gab es jedoch bei der Art und Weise, wie diese Ideale interpretiert und verwirklicht wurden. Den Autoren von *Der Tempel und die Loge*, Michael Baigant und Richard Leigh, zufolge entwickelte sich die Freimaurerei in England bereits um 1730 zu einer tragenden Säule des sozialen und kulturellen Establishments. Sie zeigte sich gemäßigt, tolerant und flexibel und arbeitete Hand in Hand mit der Kirche. Viele Kleriker wurden selbst Freimaurer. 1751 kam es jedoch zu einem Bruch innerhalb der Bruderschaft, als sich die so genannten Ancients von den Moderns in der bestehenden Großloge lossagten. Die ersteren wurden so genannt, weil sie meinten, sie würden sich strenger an die tradierten freimaurerischen Rituale, Passwörter und Bräuche halten. Dieser Konflikt zwischen Ancients und Moderns konnte erst 1813 mit der Bildung der United Grand Lodge of England beigelegt werden.

Die Darstellung aus dem 17. Jahrhundert zeigt den wissenschaftlichen Fortschritt der Menschheit, darunter auch Geometrie und Architektur. Beide sind für das freimaurerische Denken sehr wichtig.

Der Komponist Mozart (sitzend ganz links) bei einer Initiationszeremonie in Wien.

Im katholischen Europa wurde die Freimaurerei hingegen schnell mit militanten antiklerikalen und revolutionären Ideen in Verbindung gebracht. In Frankreich waren berühmte Freimaurer wie der Marquis de Lafayette, Georges Danton und Emmanuel-Joseph Sieyès federführend an der Absetzung der Bourbonen-Monarchie durch die Revolution von 1789 beteiligt. Sie waren überzeugt, in voller Übereinstimmung mit den freimaurerischen Idealen zu handeln.

DIE AMERIKANISCHE REVOLUTION

Der erste in Amerika geborene Freimaurer war vermutlich der Gouverneur von Massachusetts, Jonathan Belcher, der 1703 initiiert wurde, und die Bruderschaft gewann rasch an Einfluss. Freimaurer spielten eine bedeutende Rolle bei jenen Ereignissen, die zur Unabhängigkeitserklärung und dem nachfolgenden Kampf um die Freiheit der amerikanischen Kolonien von der britischen Herrschaft führten. William Bramley behauptet in *The Gods of Eden*, dass es eine Freimaurerloge – die St. Andrew's Lodge in Boston – war, die die Bostoner Tea Party 1773 anführte. Michael Baigent et al. schreiben in *Das Vermächtnis des Messias*, dass die meisten Männer, die an der Gründung der USA beteiligt waren, „gestandene Freimaurer" waren, und dass „die neue Nation ursprünglich nach der idealen hierarchischen politischen Struktur konzipiert wurde, die in manchen freimaurerischen Riten postuliert wurde".

Bekannt ist, dass zwei der fünf Männer, die vom Continental Congress dazu ernannt wurden, die Unabhängigkeitserklärung aufzusetzen, Freimaurer waren, ebenso 19 der Unterzeichner. Darunter waren George Washington, Benjamin Franklin und John Hancock, der Präsident des Kongresses. Franklin war Bezirksgroßmeister von Philadelphia und besuchte Logen in England, Schottland und Frankreich. Er gab die amerikanischen *Constitutions of the Freemasons* heraus, die um 1720 entworfen worden waren.

George Washington, Gründervater der USA, war den Großteil seines Lebens aktiver Freimaurer.

RITUALE DER FREIMAURER

In den 1720er-Jahren, kurz nach der Gründung der ersten Großloge in England, wurde das freimaurerische Initiationsritual in ein System mit drei Graden übergeführt. In den Anfangszeiten hatte es nur zwei Grade gegeben, nun wurde ein weiterer hinzugefügt, dem später noch der Grad „Royal Arch" folgte. In der „Blauen" Freimaurerei endet der Aufstieg hier. Doch jeder Meister (jemand, der in den dritten Grad eingeweiht wurde) kann dem York-Ritus folgen, der neun weitere Grade aufweist, oder dem Schottischen Ritus mit bis zu 32 Graden. Der 33. Grad im Schottischen Ritus wird nur ehrenhalber verliehen.

Kandidaten zum ersten und zweiten Grad erfahren bei ihren Einführungszeremonien die Bedeutung der Säulen Jachin und Boas.

DER ERSTE GRAD

Der erste der drei Grade wird Lehrling genannt. Die Initiation beginnt, wenn der speziell gekleidete Kandidat mit verbundenen Augen vor den Eingang zum inneren Teil des Tempels gebracht wird und eine Wache mit ihrem Schwertknauf an das Tor klopft. Nach Fragen, ob er geeignet und seine Motive „ehrenwert" seien, sowie einem kurzen Gebet, wird er dreimal im Versammlungsraum herumgeführt, wobei er nach jeder Runde als „armer Bewerber im Zustand der Dunkelheit" vorgestellt wird. Dann wird er vor das Podest des Meisters vom Stuhl (er leitet die Loge) gebracht, wo er gefragt wird: „Was ist der wichtigste Wunsch deines Herzens?" Die Antwort - „Licht!" – wird ihm zugeflüstert, dann nimmt man ihm die Augenbinde ab. Die drei Großen Lichter – das Heilige Buch (etwa die Bibel), der Winkel und der Zirkel – werden enthüllt; danach wird die Bedeutung der geheimen Zeichen, Griffe und Passwörter des ersten Grades erklärt, sowie die Bedeutung von Boas, der linken Säule von König Salomons Tempel. Die Zeremonie endet mit der Übergabe des Freimaurerschurzes an den Kandidaten.

Freimaurer versammeln sich zur Initiation eines Lehrlings. In dieser Illustration aus dem 18. Jahrhundert befragt der Meister vom Stuhl den Kandidaten, bevor er ihm die Geheimnisse des ersten Grades enthüllt.

ZWEITER UND DRITTER GRAD

Der zweite Grad ist der des Gesellen. Der Kandidat wird ebenso wie beim ersten Grad in den Tempel geführt und muss dann eine Reihe von Fragen beantworten, wobei er die Antworten vorher auswendig gelernt hat. Unter anderem führen ihn diese in die „verborgenen Geheimnisse der Wissenschaft und der Natur" ein, die er nun studieren soll. Abermals wird er im Tempel herumgeführt, neue Zeichen und Passwörter werden erklärt und er erfährt die Bedeutung von Jachin, der rechten Säule im Salomontempel.

Der dritte Grad – laut Ritual „der Zement des Ganzen" – ist der des Meisters. Nachdem er weitere Prüfungsfragen erfolgreich beantwortet hat, betritt der Kandidat den Tempel, der völlig dunkel ist. Nach einem Gebet und einer Zeremonie, die den ersten beiden Graden ähnelt, führen der Meister vom Stuhl und die anderen Meister die Geschichte von Hiram Abif auf, wobei der Kandidat die Rolle des Hiram spielt, die Meister die der Mörder.

FREIMAURER-MONITOR

Um die Rituale besser zu verstehen, halten sich viele Freimaurer an kleine, „Monitor" genannte Büchlein, in denen die Bedeutung der wichtigsten Symbole und Zeremonien erklärt wird.

Links: Über Anthony Sayer, der 1717 zum ersten Großmeister der Großloge von England gewählt wurde, wissen wir wenig.

Der Meister vom Stuhl ist derjenige, der den Kandidaten wieder auf die Beine bringt; danach kniet der Initiand vor dem Altar, legt seine Hände auf die drei Großen Lichter und leistet den freimaurerischen Eid.

Freimaurer im 18. Jahrhundert bei der Initiation zum Meister, dem dritten und höchsten Grad der Freimaurerei. Die brennenden Kerzen kennzeichnen das Ende des Rituals, wenn der Kandidat von der Dunkelheit ins Licht schreitet.

VON DAMALS BIS HEUTE

In gewisser Weise stellte das 19. Jahrhundert die Hochblüte der Freimaurerei dar, leitete jedoch auch bereits einen sanften Niedergang ein. In Europa gab es mehrere Spaltungen, vor allem die zwischen den französischen Freimaurern und ihren anglo-amerikanischen Zeitgenossen ab 1877. Hauptgrund dafür war die Entscheidung des französischen Großorients, Atheisten als Logenbrüder zuzulassen. Dass die Franzosen auch Frauen in der Freimaurerei anerkannten, schürte den Konflikt ebenso wie die Bereitschaft der französischen Freimaurerei, sich an der Diskussion großer politischer und religiöser Themen zu beteiligen.

Langsam formierten sich auch gegen die Freimaurerei gerichtete Strömungen. In den USA begann der Prozess in den 1820er-Jahren und führte 1827 zur Gründung einer Antifreimaurer-Partei. Diese stellte sogar einen eigenen Präsidentschaftskandidaten gegen Andrew Jackson, einen Freimaurer, auf. Solche Anlässe lösten einen Wandel im Denken der Freimaurer aus. Als Reaktion auf die politische und religiöse Kritik wandte sich die amerikanische Freimaurerei mehr nach innen und beschäftigte sich nun mehr mit spirituellen Werten als mit den Ideen der Aufklärung. Die Loge wurde zu einer Zuflucht, in der Männer Trost und Rat finden konnten.

Anti-freimaurerische Bestrebungen waren jedoch nicht auf die USA beschränkt – im katholischen Europa waren sie ebenso stark, wenn nicht noch stärker. Die Katholische Kirche hatte sich gegen die Freimaurerei gestellt, seit sie 1738 von Papst Clemens XII. offiziell verdammt worden war. 1825 erneuerte Papst Leo XII. den Bann und 1884 forderte Papst Leo XIII. alle Katholiken dazu auf, „diese widerliche Plage zu vernichten".

Das Papsttum könnte für seinen Bann nicht nur religiöse, sondern auch sehr praktische Gründe gehabt haben. Die Ereignisse, die zur politischen Vereinigung Italiens führten –

Initiation einer Frau in Frankreich Mitte des 19. Jahrhunderts. Diese Praxis führte zum Bruch zwischen der französischen Freimaurerei und der Freimaurerei, wie sie in England und Schottland praktiziert wird. Diese Spaltung konnte bis heute nicht aufgehoben werden.

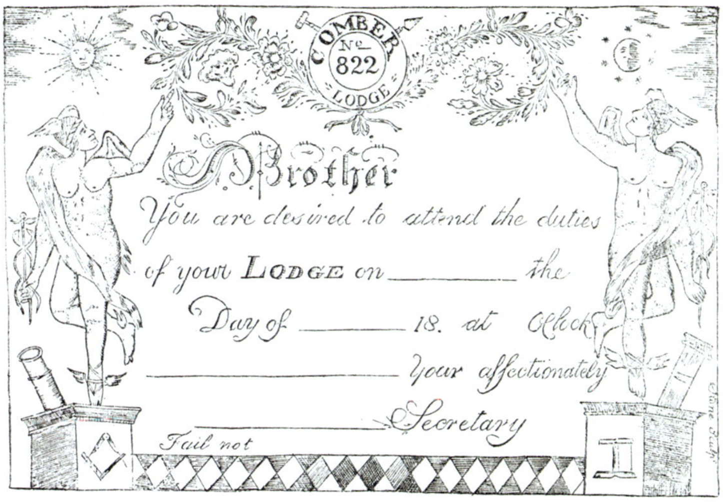

gegen die die Päpste erbittert wetterten –, könnten als „höchst freimaurerisch inspiriert" beschrieben werden. Tatsächlich waren zwei führende Köpfe des Risorgimento – Giuseppe Mazzini und Giuseppe Garibaldi – Freimaurer. Mazzini war Altgroßmeister des Großorients von Italien.

In Frankreich wurde die Freimaurerei gegen Ende des 19. Jahrhunderts heftig von der religiösen Rechten angegriffen, wobei die Affäre Dreyfuß in den 1890ern einen Höhepunkt darstellte. Alfred Dreyfus, ein jüdischer Generalstabsoffizier, wurde fälschlich beschuldigt, Geheimnisse an die Deutschen verkauft zu haben. Die katholisch-militaristische Rechte sah die Affäre als jüdisch-freimaurerische Verschwörung, um Frankreich zu schaden.

FREIMAURERERI UND TOTALITARISMUS

Der Aufstieg totalitärer Diktaturen im 20. Jahrhundert stellte die Freimaurerei vor ihre größte Herausforderung. 1925 wurde sie im faschistischen Italien verboten – die Freimaurer wurden der Verwicklung in eine Verschwörung gegen Benito Mussolini beschuldigt. Nach der Machtergreifung durch Adolf Hitler 1933 wurden alle Logen verboten und viele Freimaurer landeten in Konzentrationslagern. Geschätzte 200 000 Freimaurer fielen dem Holocaust zum Opfer.

FREIMAURERERI HEUTE

Heute gibt es rund sechs Millionen aktive Freimaurer in aller Welt, rund die Hälfte davon in den USA, die heute das Machtzentrum der Freimaurerei darstellt. Die Bruderschaft lebt und blüht weiterhin. Mehr als drei Jahrhunderte lang inspirierte sie Millionen Menschen in unzähligen Ländern und zog viele berühmte Männer an – von Winston Churchill und Franklin Delano Roosevelt bis zu Edward VIII. und Ronald Reagan. Vorausgesetzt, dass die Freimaurerei mit der Zeit geht und ihre positiven Ziele erfolgreich vermittelt, besteht kein Zweifel daran, dass sie weiterhin florieren wird.

Oben links: Obwohl der Besuch von Logenabenden nicht verpflichtend ist, gilt er als wichtig. Daher steht „Fail not" („Fehle nicht!") am Ende dieser Einladung zu einem Logenabend aus dem 19. Jahrhundert.

Oben rechts: Ein Freimaurer-Abzeichen im Gedenken an einen berühmten Freimaurer, der „dem Thron nahe, doch seinen Brüdern noch näher" war.

Der König von Schweden initiierte König Edward VII. von England 1868 während eines Besuchs des britischen Monarchen in Stockholm. Angeblich soll Edward keine Gelegenheit ausgelassen haben, seine Verbundenheit mit der Bruderschaft zu zeigen.

TEIL DREI

FREIMAURER UND ARCHITEKTUR

Alle Freimaurer glauben an ein höheres Wesen, das meist als „Allmächtiger Baumeister aller Welten" bezeichnet wird. Daher wundert es nicht, dass viele Metaphern in der Symbolik der Freimaurer der Architektur entstammen. Solche Metaphern sollen die grundlegenden moralischen Werte vermitteln. So ist ein perfekter Kubus etwa ein Stein, der behauen, geglättet und poliert wurde, damit man ihn zum Bauen benutzen kann. Bei den Freimaurern ist er ein Symbol für den perfekten Zustand, der durch Bildung zu erreichen ist. Im Gegensatz dazu steht der raue, unbehauene Stein für den natürlichen Zustand der Ignoranz. In manchen Logen muss ein Lehrling ein Stück eines rauen Steins abschlagen, um zu zeigen, dass seine Lehre begonnen hat.

Die Kathedrale von Bourges ist die größte von drei großen gotischen Kathedralen in Frankreich, die im späten 12. und frühen 13. Jahrhundert erbaut wurden. Bei solchen und anderen großen Kathedralen, wie jenen in Chartres und Amiens, waren Werkmaurer am Bau beteiligt.

ARCHITEKTUR

In *The Symbolism of Freemasonry* meint Albert Mackey, dass „die Architektur für die Freimaurerei die *ars artium*, die Kunst der Künste," darstellt, da ein Großteil der Symbolik, die ein so wichtiger Teil der freimaurerischen Tradition ist, daraus stammt. In der symbolischen Freimaurerei geht das spirituelle Verhältnis der Bruderschaft zur Architektur weit über die Symbolik der Werkzeuge oder der Geometrie hinaus, obwohl dies wichtige Teile der Überlieferung sind. Die Beschäftigung damit ist deshalb integraler Bestandteil der Freimaurerei. Die Architektur zählt zu den „Sieben freien Künsten", die im Gesellengrad gelehrt werden.

In der freimaurerischen Architektur existiert Symbolik ebenso wie in jeder Architektur, mit der Freimaurer zu tun hatten. Im Mittelalter, als Steinmetze die ersten Werklogen bildeten, zeigte sich solche Symbolik bei der Planung und beim Bau großer Kirchen und Kathedralen, für die die Kathedrale in Chartres, Frankreich, vermutlich das beste Beispiel darstellt. Ebenso wie der Großteil der europäischen Kathedralen des Mittelalters ist Chartres im Wesentlichen aus einfachen geometrischen Mustern aufgebaut, die sich wiederholen und schließlich die komplexe Struktur des Ganzen bilden. Gleichzeitig vermitteln sie den Eindruck von Einfachheit, Balance und Harmonie. Es scheint mehr als wahrscheinlich, dass hier frühe Werkmaurer mitgewirkt haben.

Säulen in Westminster Abbey. Dr. Albert G. Mackey behauptete, dass die „gotische Architektur zu Recht die Architektur der Freimaurerei genannt" wurde.

Im Design finden sich verschiedene freimaurerische Elemente – darunter die Proportion 3:4:5 (die des perfekten rechtwinkeligen Dreiecks nach Pythagoras), Quadrat, Kreis und das Rechteck, das an einer Seite von einem Halbkreis abgeschlossen wird. Von den drei „Tafeln", die in den Boden gehauen sind, weist die rechteckige die gleichen Proportionen auf wie Salomons Tempel, bei dem die Länge die doppelte Breite beträgt.

Auch fünf- und siebenzackige Sterne finden sich zahlreich. In der Freimaurerei symbolisieren die sieben Spitzen die „sieben freien Künste" (Grammatik, Rhetorik, Dialektik, Arithmetik, Geometrie, Astronomie und Musik), die die Grundlage der freimaurerischen Bildung und ihres Strebens nach Wissen und Erleuchtung darstellen. Es gibt auch ein Labyrinth, durch das der Gläubige auf seinen Knien auf verschlungenen Pfaden eine symbolische Pilgerreise absolvieren kann. Labyrinthe waren seit dem 18. Jahrhundert ein wichtiges Merkmal freimaurerischer Architektur.

PLANUNG UND ORDNUNG

Für Freimaurer bedeutet Architektur, etwas entsprechend seinem Plan und Zweck zu bauen und es nach gewissen Proportionen und Symmetrien zu gestalten. Dies umfasst nicht nur die Errichtung von Gebäuden wie bei der Werkmaurerei, sondern auch das Leben des Menschen wie in der symbolischen Freimaurerei. Der freimaurerischen Überzeugung zufolge verleiht das Wissen, wie man ein Gebäude konstruiert, die Weisheit, wie man einen spirituellen Tempel in sich selbst und kollektiv für die ganze Welt errichtet. Darum hatte die Ordnung in der Architektur stets große Bedeutung für die Freimaurer. Alles fügt sich in einen Plan. Dies erklärt auch die Faszination des Salomontempels für die Freimaurer, denn seine Architektur und Geometrie galten als perfekt, und die Bedeutung von Tempeln für ihre Zeremonien bis heute.

Bunte Glasfenster in Westminster Abbey, London, umrahmt von Spitzbögen. Dies ist ein klassisches Beispiel gotischer Baukunst, in der sich die mittelalterlichen Werkmaurer selbst übertrafen.

WERKMAURER UND FREIMAURER

Die Rituale beim Eintritt in die Bruderschaft oder beim Aufstieg zum zweiten Grad sind bei Werkmaurerei und Freimaurerei klar definiert. Einfach gesagt, gehört zur Werkmaurerei die Erschaffung eines physischen architektonischen Werkes, während es den (symbolischen) Freimaurern um Architektur des Menschen geht. Die Verbindung zwischen diesen beiden geht auf die Anfänge der Freimaurerei zurück, als jedes Mitglied in erster Linie Werkmaurer und in zweiter (symbolischer) Freimaurer war. Mit den Jahren veränderte sich das Verhältnis und heute ist es komplett umgekehrt.

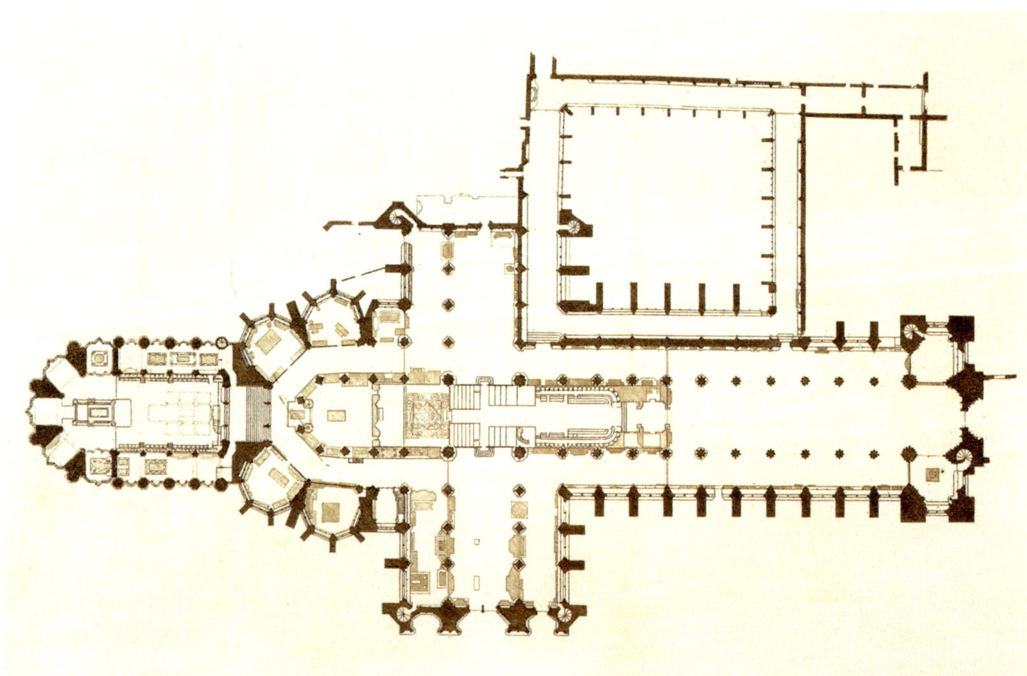

Oben: Die Kathdrale von Chartres ist ein Meisterwerk gotischer Baukunst des Mittelalters. Werkmaurer spielten bei der Planung und beim Bau eine bedeutende Rolle.

Unten: Der Plan für eine große Kirche entsteht als Ergebnis von Generationen an praktischer Bauerfahrung.

SALOMONS TEMPEL

Es gab eine Zeit, in der alle Freimaurer davon überzeugt waren, dass die Wurzeln ihrer Bruderschaft bis zum Bau von König Salomons Tempel in Jerusalem zurückreichten. Sie hielten es für ihre Aufgabe, die Proportionen dieses „moralischen Gebäudes" wiederzuerrichten. Alle Logen sind Ost-West ausgerichtet oder sollten es sein, da Salomons Tempel so gelegen war. Obwohl die Verbindung zwischen Freimaurerei und Tempelbau nicht bewiesen werden kann, hat der Tempel einen wichtigen Platz in Ritus und Mythen der Freimaurer.

Ohne Zweifel war der Tempel ein beeindruckendes Bauwerk. Biblischen Gelehrten zufolge begann König Salomon im vierten Jahr seiner langen Regentschaft, 957 v. Chr., mit dem Bau, der sieben Jahre dauerte. Der Tempel war von hohen Mauern aus Stein und Holz umgeben. Ein Innenhof erstreckte sich bis zum Fuß des Tempels. Rund um den Tempel waren drei Stockwerke hoch Räume angeordnet. An der Südseite des Tempels lag der Eingang zum untersten Stock, von diesem führten Treppen in den zweiten und dritten Stock. Von den Kammern gab es keinen direkten Zugang zum Tempel.

Der Tempel selbst bestand aus einer äußeren Vorhalle, dem Hauptheiligtum, dessen Portal von zwei großen Säulen gesäumt wurde – es ist nicht geklärt, ob die Säulen freistehend oder tragend waren – und, durch einen zentralen offenen Hof vom Heiligtum getrennt, ein inneres *sanctum sanctorum* oder

Diese Darstellung aus dem 18. Jahrhundert zeigt, wie man sich den Salomontempel vorstellte, der 400 Jahre nach seiner Errichtung von den Babyloniern zerstört worden war.

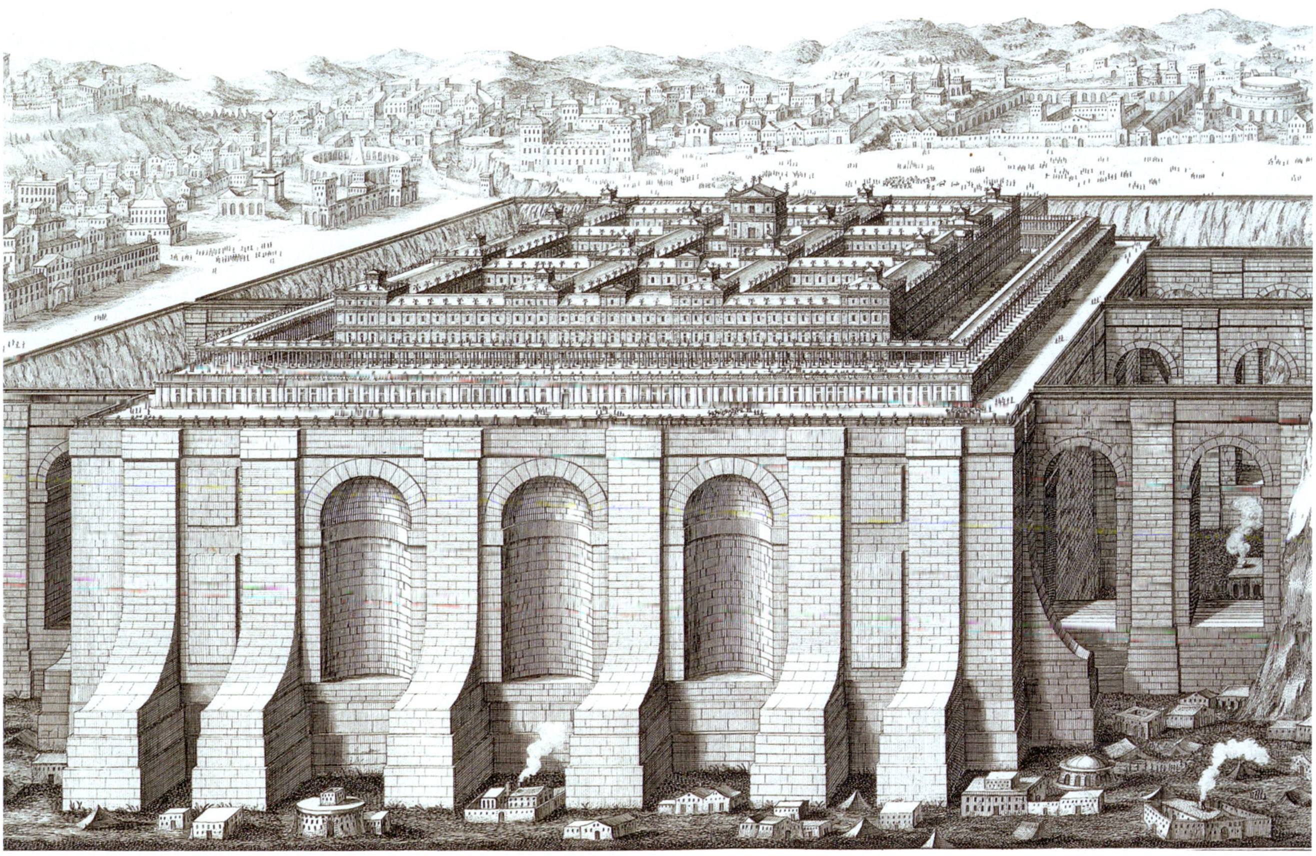

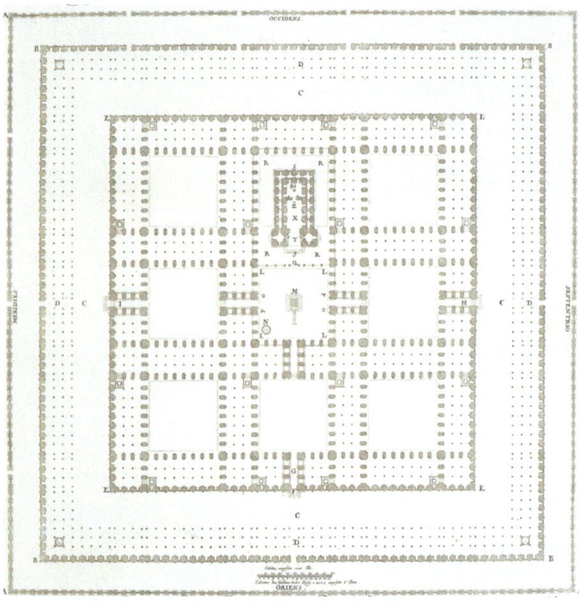

DER TEMPEL IM FREIMAURERISCHEN RITUAL

Wenn ein Initiand die Zeremonien zu den einzelnen Graden durchläuft, lernt er mehr und mehr über den Tempel und seine Erbauer. Er erfährt zum Beispiel, dass es zwei Maurergrade gibt – Lehrling und Geselle –, denen die großen Meister – König Salomon selbst, König Hiram von Tyrus und Hiram Abif, Salomons Meisterarchitekt – vorstanden. Die Ermordung des letzteren durch seine Untergebenen – Jubela, Jubelo und Jubelum – ist eine der zentralen Allegorien in der symbolischen Freimaurerei.

Oben: Der Plan von König Salomons Tempel. Das Heiligtum war eher klein; zur legendären Pracht des Tempels trugen jedoch vor allem die Außenanlagen, Terrassen sowie Schmuck und Dekorationen bei.

Unten: Gott übergibt Moses in der Wüste die Zehn Gebote, während die Israeliten auf dessen Rückkehr vom Berg Sinai waren. Die Tafeln, auf denen die Gebote geschrieben standen, wurden im Allerheiligsten des Tempel aufbewahrt.

Allerheiligstes. Das Heiligtum wurde durch schmale Fenster erhellt. Die Wände waren mit Zedernholz getäfelt, der Boden mit Zypressenholz, das mit Gold überzogen war.

Das Allerheiligste war ein perfekter Kubus ohne Fenster. Hier wurde die Bundeslade ebenso aufbewahrt wie andere Andenken an den Auszug der Israeliten aus Ägypten und ihre lange Reise durch die Wüste Sinai. Die Bundeslade enthielt die Steintafeln mit den Zehn Geboten, die Gott Moses auf dem Berg Sinai übergeben hatte, ein „Omer Manna" (eine bestimmte Menge des heiligen Brotes) und den Stab des Aaron.

MYTHOS, LEGENDE UND SYMBOLE

Es gab eine Zeit, in der freimaurerische Schreiber unerschütterlich an dem Glauben festhielten, dass der Tempel des Salomon den Ursprungsort der Freimaurerei darstellte – und dass es dort war, wo König Salomon, Hiram von Tyrus und Hiram Abif als Großmeister ihren Logen vorstanden und wo die symbolischen Grade eingeführt wurden. Diese Zeit ist längst vorüber. Trotzdem wurde diese Hypothese sehr lange Zeit als Tatsache hingenommen, und die mutmaßliche Verbindung spielte in den freimaurerischen Ritualen und Gedanken eine wesentliche Rolle.

Logischerweise geht daher ein Großteil der Symbolik in der Freimaurerei auf König Salomons Haus des Herrn zurück. Jede Loge ist ein Symbol des Tempels. Jeder Meister vom Stuhl repräsentiert Salomon selbst. Jeder Freimaurer ist ein personifizierter Tempelbauer. Die Legenden, die die Freimaurerei mit dem Tempelbau assoziieren, sind mächtige und dauerhafte Allegorien. Heute werden sie von Freimaurern als das akzeptiert, als was sie von ihren Erfindern gedacht waren – die Grundlage für eine Wissenschaft der Ethik.

ÄGYPTISCHE EINFLÜSSE

Der freimaurerischen Überlieferung zufolge ist die Freimaurerei so alt wie die Architektur selbst. Daher überrascht es nicht, dass sie den Prototyp der Initiationsarchitektur bei den Ägyptern verorten. Das alte Ägypten war die Heimat der hermetischen Magie, die von ägyptischen Priestern entwickelt wurde, die den Gott Hermes Trismegistos verehrten. Als Bote der Götter, Botschafter, Bewahrer von Geheimnissen und Gott der Prüfung und Initiation war Hermes eine wichtige Gestalt für die Freimaurer. In deren Architektur stehen Sphinxen, Pyramiden und Obelisken daher als Symbole für freimaurerische Ideale.

Während die hermetischen Traditionen in der späten Renaissance die ägyptische Weisheit und Religion als „unvollkommene Vorläufer" des Christentums bezeichneten, gingen die Freimaurer in ihrer Verbindung zu den ägyptischen Überlieferungen viel weiter. Das Zeitalter der Aufklärung sah eine Hinwendung zur ägyptischen Kultur und wachsendes Interesse an antiken esoterischen Religionen und allegorischen Mythen. Die Freimaurerei trug also dazu bei, das antike Ägypten wieder ins aktuelle Bewusstsein zu rufen.

DIE „FRENCH CONNECTION"

Usprünglich lag das Zentrum des neuen Interesses in Frankreich. Die Begeisterung der Franzosen für die ägyptische Kultur wuchs nach dem Einmarsch Napoleons 1798. Der Erste Konsul, wie er zu dieser Zeit genannt wurde, nahm Wissenschaftler und Gelehrte mit, darunter einige Freimaurer. Sie begannen bald mit Ausgrabungen. Zu ihren Entdeckungen zählte unter anderem der Stein von Rosetta, der letztlich den Schlüssel zur Entzifferung der Hieroglyphen darstellte.

Hermes Trismegistos, der Überbringer von Weisheit im alten Ägypten, wurde im Mittelalter mit der hermetischen Philosophie assoziiert.

DIE FRANZOSEN IN ÄGYPTEN

Die Freimaurerei kam mit Napoleons Einmarsch in Ägypten erstmals 1798 in das Land am Nil. Obwohl nie eindeutig geklärt wurde, ob Napoleon selbst ein Freimaurer war – manche behaupten, er wäre tatsächlich während der französischen Invasion in Ägypten initiiert worden –, bekleideten vier seiner Brüder hohe freimaurerische Ränge. Joseph, der älteste, wurde 1805 Großmeister des Großorients von Frankreich. Napoleon tolerierte die Freimaurer und ihre Aktivitäten; ihre Entdeckungen während der Besetzung trugen dazu bei, das Interesse der Freimaurerei an allen ägyptischen Dingen aufrechtzuerhalten.

Stark verzierte und geschmückte Säulen säumen den Zugang zum inneren Bereich des Großen Tempels auf der Insel Philae, eines der größten Tempel im antiken Ägypten. Hier wurden die Sonne und der Sonnengott verehrt. Freimaurer suchen das innere Licht und Erleuchtung.

Das Interesse am antiken Ägypten, das die französische Öffentlichkeit nach Napoleons Einmarsch so stark erfasste, war bei den französischen Freimaurern jedoch schon älter. Einige Jahre zuvor hatte der geheimnisvolle Graf Alessandro Cagliostro den Ägyptischen Ritus der Freimaurerei begründet, der auf ägyptischer Magie und Werkmaurerei basierte und viele französische Adelige anzog. Er behauptete außerdem, ein Gesandter der Tempelritter zu sein und von ihnen auf der Insel Malta initiiert worden zu sein. Heutzutage sehen die meisten in Cagliostro bloß einen Scharlatan und Abenteurer, doch damals hatte er großen Einfluss. Manly P. Hall berichtet in *Rosicrucian and Masonic Origins*, dass sich Cagliostro vor

dem Obersten Rat des Großorients für die Gründung einer unabhängigen Loge rechtfertigen musste, wobei es schwierig gewesen wäre, einen qualifizierten Anwalt zu finden, der mit Cagliostro jene philosophische Freimaurerei und antiken Mysterien diskutieren konnte, die zu repräsentieren er behauptete.

Obwohl der Ägyptische Ritus nicht mehr als legitimes freimaurerisches Ritual gilt, besteht kein Zweifel am Eindruck, den er damals auf die Bruderschaft gemacht hat und ebenso wenig an seiner stimulierenden Wirkung auf die Ausbreitung der ägyptischen Einflüsse. Auf dem Höhepunkt dieser Entwicklung im 19. Jahrhundert wurde die freimaurerische Architektur auffälliger und verzierter.

In nahezu jeder Freimaurerloge findet man Pyramiden und Sphinxe. Im Zusammenhang mit dem Auge der Vorsehung soll die Pyramide das Höchste Wesen, den Allmächtigen Baumeister aller Welten, symbolisieren. Ein weiteres wichtiges freimaurerisches Symbol ägyptischen Ursprungs ist der Obelisk, ein schlanker, hoher Turm mit einer Pyramide an seiner Spitze. In der Freimaurerei werden Obelisken mit der Sonne und verschiedenen mythologisierten astrologischen Phänomenen in Verbindung gebracht. Sie sind Symbole der Kontinuität, Macht, Stabilität, Auferstehung und Unsterblichkeit.

Kleopatras Nadel in New York ist ein Obelisk, der von einer Pyramide gekrönt wird. Beides waren Erfindungen der ägyptischen Architektur und spielen eine große Rolle in der Symbolik der Freimaurer.

KLASSISCHE ARCHITEKTUR

In den *Alten Pflichten*, einem der grundlegenden Dokumente der Freimaurerei (1723 erstmals publiziert), behauptet James Anderson, dass „die Kunst des Bauens ihren höchsten Perfektionsgrad unter dem römischen Kaiser Augustus erreichte, dem Förderer des Vitruv". Anderson und seine Brüder erwarteten, dass Freimaurer ihre Begeisterung für die Ordnung der klassischen Architektur sowie ihre Entschlossenheit teilten, den Prozess der spirituellen Entwicklung anhand der Vorgänge bei der Errichtung eines Gebäudes zu illustrieren.

Die Vorstellungen des Marcus Vitruvius Pollio – wie der große römische Architekt mit vollständigem Namen hieß –, die er in *De Architectura Libri Decem* (Zehn Bücher über die Architektur) ausführte, waren selbst Zusammenfassungen der besten und wichtigsten Konzepte der klassischen Bautradition.

Der freimaurerischen Überlieferung zufolge leiteten sich diese Prinzipien vom Salomontempel ab. Pythagoras brachte die Geheimnisse der Architektur, die in die zwei für die Freimaurer so wichtigen Säulen des Tempel eingemeißelt waren, zurück nach Griechenland, von wo aus sie sich nach Westen ausbreiteten. Im Grunde ging es um die zwei Ideale Form und Einfachheit. Die Freimaurer verehren drei klassische Ordnungen der Architektur: korinthisch, dorisch und ionisch. Symbolisch steht „dorisch" für Stärke, „ionisch" für Weisheit und „korinthisch" für Schönheit.

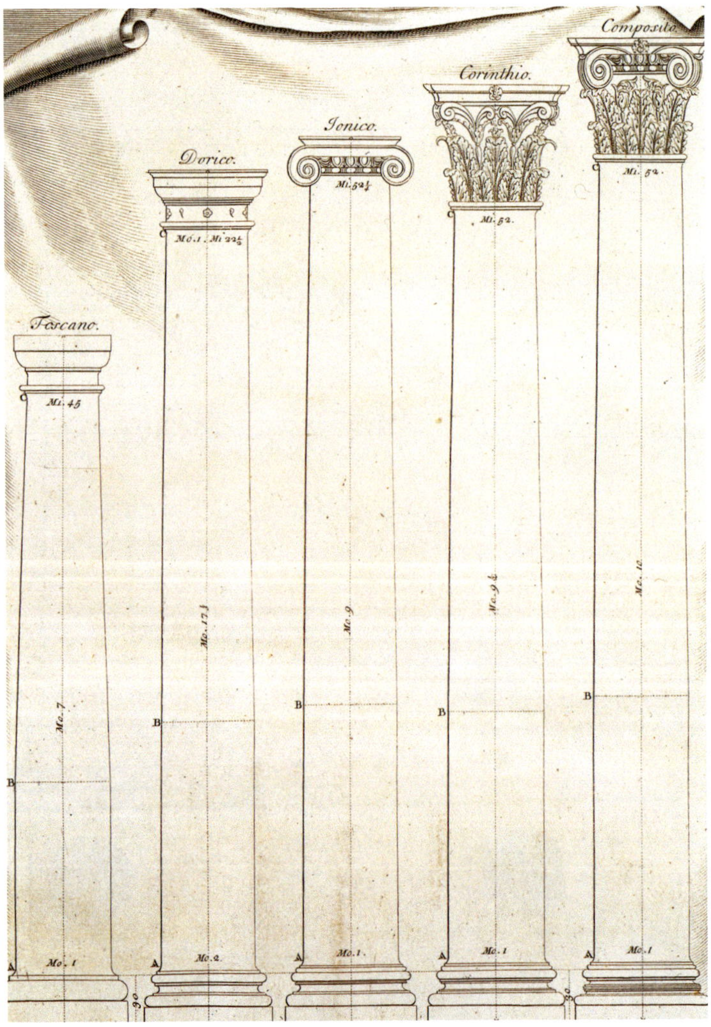

Die fünf klassischen Ordnungen der Architektur (von links nach rechts): toskanisch, dorisch, ionisch, korinthisch und komposit (gemischt). Drei davon – korinthisch, dorisch und ionisch – kommen in der freimaurerischen Symbolik vor.

AUFBAU EINER TRADITION

Das freimaurerische Gedankengut wurde auch durch die Auffassung der Renaissance beeinflusst, die den Architekten als Universalmensch sah, als Meister aller Künste und des Wissens. Ab dem 18. Jahrhundert konnten Initianden in Logen Vorträge über Mathematik und die neuen Wissenschaften erhalten. Sie wurden Teil einer Bruderschaft, die beanspruchte, direkt von den frühesten Werkmaurern und Architekten abzustammen, die die ältesten Tempel erbauten, die mittelalterlichen Kathedralen entwarfen und den „Royal Arch" („Königlicher Bogen") praktizierten. Eines dieser Vorbilder aus dem 18. Jahrhundert war Batty Langley, ein Freimaurer und Architekt, der eine Schule der Baukunst in London leitete. Einer Werbeschrift zufolge lehrte Langley „junge Edelmänner und Gentlemen, Säulenformen zu zeichnen, geometrische Pläne und Aufrisse für Tempel, Einsiedeleien, Höhlen, Grotten, Wasserfälle, Theater und andere dekorative Vergnügungsbauten zu entwerfen sowie Parks und Gärten zu planen und zu verbessern".

Vermutlich unbewusst folgte Langley einem von Vitruvs Hauptprinzipien. In *Ausbildung des Architekten* schrieb Vitruv, dass ein Architekt „mit dem Wissen aus vielen Bereichen und den verschiedensten Disziplinen ausgestattet sein soll, da es sein Urteil ist, das das Werk all der anderen auf die Probe stellt."

Dieser Ansicht konnte sich die Freimaurerei sofort anschließen. Die Bruderschaft akzeptierte bereitwillig den vorherrschenden palladianischen Stil, der sich von den klassizistischen Bauten des italienischen Architekten Palladio ableitete und verlangte, dass jedes große Bauwerk den von den antiken Griechen beschriebenen architektonischen Formen entsprach.

Oben: Die Säule, die das verzierte Giebeldreieck auf dieser von Batty und Thomas Langley signierten Zeichnung trägt, ist korinthisch – das Symbol der Schönheit.

Unten links: Der italienische Architekt Andrea Palladio wirkte federführend bei der Wiederbelebung der Klassik und wurde daher im 18. Jahrhundert von der neuen Freimaurergeneration verehrt.

Unten rechts: Eine architektonische Darstellung einer klassischen Säule. Der freimaurerischen Überlieferung zufolge leitete die klassische Architektur ihre wichtigsten Prinzipien von König Salomons Tempel ab, der Geburtsstätte der Freimaurerei.

Titelbild einer Architekturstudie , die in der Renaissance in Venedig gedruckt wurde. Dem Denken der Renaissance zufolge waren Architekten Meister aller Künste und allen Wissens. Die Parallelen zur Freimaurerei sind hier offensichtlich.

Dieses Vermächtnis besteht bis heute. In den Zeremonien zur Erhebung in den Grad eines Gesellen ist die Architektur ein wichtiger Faktor, wobei die Bedeutung der klassischen Ordnungen detailliert beschrieben und beurteilt wird.

BAUTEN DER FREIMAURER

Logen und Tempel waren nicht immer imposante Bauwerke. In den Frühtagen besaßen nur wenige Logen ein eigenes Haus – sie trafen sich in den Hinterzimmern von Tavernen und Kaffeehäusern. Sogar die Premier Grand Lodge of England verfügte zunächst nicht über einen ständigen Sitz; erst 1775 wurde ein Haus in der Great Queen Street angekauft.

Die Architektur einer Loge ist für die Herstellung einer entsprechenden Feierlichkeit bei den Zeremonien von größter Bedeutung. Es gibt Gemeinsamkeiten in der freimaurerischen Architektur in aller Welt und dieser Stil existiert anscheinend unberührt von der Zeit. Wenn ein Freimaurer von heute in eine Loge aus dem 18. Jahrhundert zurückreisen könnte, würde er viel Vertrautes finden.

Freimaurergebäude werden manchmal Tempel genannt, weil ein Großteil der Symbolik, durch die die Freimaurer ihre Lektionen vermitteln, aus dem Tempelbau König Salomons im Heiligen Land stammt. Der Begriff Loge kommt von den Hütten (engl. „lodge"), die Werkmaurer im Mittelalter während des Baus neben die Kathedralen bauten. Im Winter, wenn die Arbeiten an der Kirche eingestellt werden mussten, lebten sie in diesen Logen und bearbeiteten Steine.

Das vielleicht wichtigste Merkmal ist die Anlage der Loge selbst. Der freimaurerischen Überlieferung zufolge sollte sie dem Grundriss des Salomontempels so nah wie möglich kommen. Sie sollte ein Portal mit zwei Säulen besitzen, einen Kultraum und ein Allerheiligstes. Die beiden Säulen, Jachin und Boas, haben selbst große symbolische Bedeutung in freimaurerischen Ritualen.

In der Freemasons' Tavern in Lincoln's Inn Fields, London, fand 1820 das Eröffnungsdinner der Royal Astronomical Society statt. Dieses Ereignis belegt die Verbindungen zwischen Freimaurerei und Wissenschaft.

Oben links: Der Bau der ersten Pyramide in Gizeh. Die dort eingesetzten Steinbearbeiter könnten als Bindeglied zu den Anfängen der Freimaurerei gesehen werden.

Oben rechts: Der Leuchtturm von Alexandria diente als Inspiration für das George Washington's Masonic Memorial in Virginia.

Unten: Schurz eines französischen Meisters vom Stuhl aus dem 19. Jahrhundert mit zahlreichen Symbolen aus der Architektur.

ZURÜCK ZU DEN ÄGYPTERN

Auch das alte Ägypten hatte starken Einfluss auf die Architektur von Logengebäuden. Ab dem 19. Jahrhundert wurde es für Freimaurer zur Norm, ägyptische Designelemente in ihre Bauwerke zu integrieren; parallel dazu wurde ägyptisches Gedankengut für freimaurerische Rituale immer wichtiger. Der 31. Grad im Schottischen Ritus basierte, wie vom angesehenen Freimaurer und Gelehrten Albert Pike im 19. Jahrhundert beschrieben, auf dem ägyptischen Totenbuch (eine Sammlung altägyptischer Bestattungszauberformeln) und enthält Hinweise auf die Ermordung des Gottes Osiris und seine Auferstehung.

Der große, fensterlose Raum des Silvergate Temple in San Diego, Kalifornien, wurde zum Beispiel als exakte Kopie eines ägyptischen Thronsaales konzipiert, während sich die ägyptischen Motive in den Royal Arch Halls of the Chapter Room, Edinburgh, auch an Möbeln und Teppichen wiederfinden. Das George Washington Masonic National Memorial in Virginia ist eine Kopie des gewaltigen Leuchtturms von Alexandria, eines der sieben Weltwunder der antiken Welt.

DER PRÄCHTIGSTE TEMPEL

Der Masonic Temple in Detroit, der 1926 eingeweiht wurde, ist nach wie vor das größte und komplexeste Gebäude seiner Art weltweit. Der 14-stöckige Turm ist gotisch inspiriert. Es gibt sieben Logenräume, die alle in verschiedenen Stilen mit ägyptischen, dorischen, ionischen, korinthischen, renaissance-italienischen, byzantinischen, gotischen und romanischen Motiven dekoriert sind. Die Räume sind durchweg der betreffenden Zeit entsprechend gestaltet.

DIE LOGE VON INNEN

Ähnlich wie andere rituelle Gesellschaften so legt auch die Freimaurerei großen Wert auf die Gestaltung ihrer Versammlungsorte. Für Freimaurer bezeichnet das Wort Loge sowohl ein Treffen von Freimaurern als auch den Raum oder das Gebäude, in dem das Treffen stattfindet. Erst als die ersten als solche gebauten Logen und Tempel errichtet wurden, konnten die Freimaurer ihre Möbel und Ausstattung dauerhafter arrangieren. Der Grundriss wurde selbst zu einem wichtigen und ständigen Symbol der Freimaurerei.

Eine Loge hat für gewöhnlich einen rechteckigen Grundriss, obwohl manche Berichte darauf hindeuten, dass es auch dreieckige und kreuzförmige gegeben hat. So weit es um blaue Freimaurerei geht, folgt man dem traditionellen englischen Grundriss. Der Meister vom Stuhl sitzt im Osten, den die freimaurerische Legende mit der Sonne, dem Licht und dem Leben assoziiert. Am anderen Ende der Loge gibt es drei Stufen, je eine für jeden der drei Grade. Stets ist ein Altar oder Tisch vorhanden, auf dem das aufgeschlagene Gesetzbuch (Bibel) liegt, wenn die Loge geöffnet ist.

Da Freimaurer die Geheimnisse ihrer Zeremonien gerne schützen, fehlen so gut wie überall die Fenster. Stattdessen werden Kerzen entzündet. Die Kerzen selbst symbolisieren das spirituelle Licht oder die Erleuchtung. Sie werden auch mit Weihe, Dankbarkeit und dem Einhalten von Versprechen in Verbindung gebracht.

Ein Galadinner in Freemasons' Hall, London. Die Szene zeigt deutlich, wie stark die Freimaurerei seit den Tagen angemieteter Hinterzimmer in Tavernen und Kaffeehäusern angewachsen ist.

EINRICHTUNG DER LOGE

Die ersten Logen waren vermutlich nur spärlich dekoriert, doch als die Bruderschaft immer neue Mitglieder anzog und dadurch an Macht, Reichtum und Ansehen gewann, wurden auch Einrichtung und Dekoration aufwändiger. Komplexe Bodenteppiche wurden zum Beispiel zur Norm – typischerweise dargestellt werden die beiden Säulen Jachin und Boas, die sieben Stufen, die der Überlieferung zufolge zu Salomons Tempel führten, das musivische Muster des Tempelbodens, der Flammenstern, die Sonne, das Lot und andere bedeutende Symbole der Freimaurerei.

Ein Freimaurer, dargestellt durch die Werkzeuge seiner Loge auf einer englischen Illustration aus 1754. Unschwer erkennt man die Bezüge zur Architektur.

Andere erwähnenswerte Merkmale sind das Allsehende Auge – ein ewiges Symbol für die Allgegenwart und Allwissenheit des Höchsten Wesens –, der flammende Stern und die Tierkreiszeichen. Abgesehen von Weiß wird für die Dekoration nur die Farbe Blau verwendet; sie symbolisiert universelle Freundschaft und Mildtätigkeit. Freimaurer verehren König Salomons Tempel als Symbol dessen, was verloren ging und als Inspiration für das, was wiedererrichtet werden könnte durch das erleuchtete Streben nach Stärke, Weisheit und Schönheit. Auf diesem Fundament erbauten sie einen mystischen Symbolismus, der nur ihnen allein verständlich war. Man nehme als Beispiel nur den Schachbrettboden, den man in vielen Logen findet. Für den Außenstehenden ist es bloß ein Boden. Für den Freimaurer ist die Vielzahl der Quadrate alles andere als simple Dekoration. Sie symbolisieren unter anderem das schwarz-weiße Leben des nicht erleuchteten Menschen.

Die aufwändigsten Möbel in einer Loge sind meistens die Stühle, auf denen der Meister vom Stuhl und seine Logenbeamten sitzen. Viele kann man als „architektonisch" bezeichnen, da sie ebenso Bauwerke wie Möbel sind. Meistens sind sie ein Mikrokosmos des gesamten Logendesigns, in dem Säulen, Dächer und Simse als Teil ihrer Verzierungen vorkommen, während die langen, solide geformten Armlehnen parallele Linien darstellen.

UNIVERSAL-SYMBOL

Winkel und Zirkel sind weltweit als Symbole für Charakter, Mildtätigkeit und brüderliche Liebe bekannt. Dieses ganz besondere Zeichen kommt in der Dekoration von Freimaurerlogen sehr häufig vor.

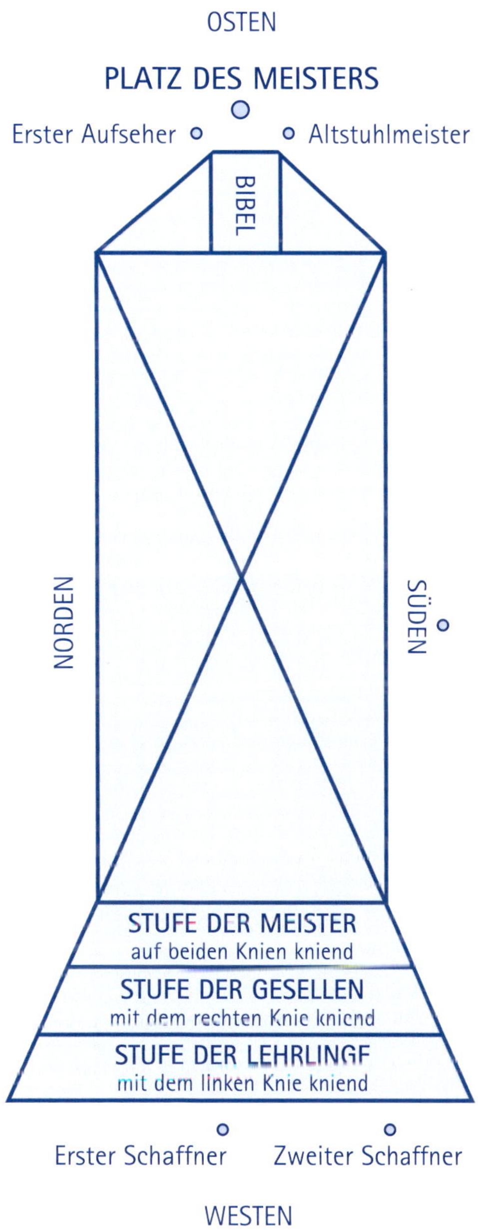

Grundriss einer typischen Loge. Beachtenswert sind die Sitzplätze der Logenbeamten und die drei Stufen für jeden der drei Grade.

GÄRTEN

Gleichzeitig mit der symbolischen Freimaurerei in England erlebten auch die Landschaftsgärten einen Aufschwung. Ebenso wie das Konzept von Vitruv, demzufolge die Architektur die Krönung aller anderen Wissenschaften darstellt, im Zeitalter der Aufklärung zum grundlegenden Bestandteil der Freimaurerei wurde, so galt das auch für die Ansicht, dass auch Gartengestaltung ein Ausdruck freimaurerischer Prinzipien wäre. Viele Landschaftsgärtner waren damals Freimaurer, die in ihren Kreationen unzählige Symbole einsetzten.

Die Gartenkapelle in Strawberry Hill, England, der Heimat des Autors Horace Walpole im 18. Jahrhundert. Die Idylle, die er hier schuf, spiegelte das freimaurerische Ideal von Ordnung, Moral, Tugend, Bruderschaft und Toleranz wider.

Die Begeisterung für die neue Gartengestaltung beschränkte sich nicht nur auf England – sie breitete sich nach Frankreich, Deutschland und andere Teile Europas aus wie auch die Ideen und Ideale der Freimaurerei. Gärten wurden absichtlich so gestaltet, dass sie den Eindruck eines unberührten Elysiums erweckten. Man dachte, dass solche Gärten dazu beitragen konnten, ein goldenes Zeitalter wachsender sozialer Harmonie und Perfektion heraufzubeschwören, eines der höchsten freimaurerischen Ziele. Man wollte die Landschaft gestalten, um moralische Lektionen zu vermitteln.

LANDSCHAFTSARCHITEKTUR

Für freimaurerische Gartengestalter waren Architektur und Dekoration ebenso wichtig wie die Planung des Gartens. Auch hier sind die Verbindungen zur Freimaurerei und deren Symbolik nicht zu übersehen. Großartige „Gärten der Anspielungen" entstanden in Castle Howard in Yorkshire, England; in Strawberry Hill, der Heimat von Horace Walpole, bei London, England; in Stowe; und in der Heimat des Philosophen Jean-Jacques Rousseau in Ermenonville, Frankreich. Der Autor von *Der Gesellschaftsvertrag* ist auf einer Insel auf diesem Gelände begraben.

Bald kamen Rotunden in der Gartenarchitektur in Mode. Diese runden, tempelartigen Gebäude wurden mit verschiedenen freimaurerischen und allgorischen Attributen ausgestattet. Sphinxen kamen ebenso vor wie Pyramiden, Obelisken und andere altägyptische Elemente. Diese waren auch Ausdruck einer freimaurerischen Tradition, vor allem da man der Ansicht war, es gäbe eine direkte Ableitung der Bruderschaft von den antiken ägyptischen Mysterien.

Oben links: Lilien wurden schon lange mit der Freimaurerei assoziiert – die Kapitelle der Säulen in Salomons Tempel waren damit verziert. Die Rotunde im Hintergrund mutet ebenfalls freimaurerisch inspiriert an.

Oben rechts: William Kent, Charles Bridgeman, James Gibbs und Sir John Vanbrugh trugen zu Verwirklichung des „Gartens der Anspielungen" in Stowe bei. Die Rotunde ist ohne Zweifel freimaurerisch inspiriert.

Nicholas Hawksmoor, William Kent und Sir John Vanbrugh, drei gefeierte Gartengestalter des frühen 18. Jahrhunderts, waren für die Verwendung von Pyramiden bekannt. Kent platzierte zum Beispiel eine Stufenpyramide über dem Temple of British Worthies, den er in Stowe errichtet hatte, und stellte eine Büste des Merkur auf. Merkur war in der freimaurerischen Überlieferung eine wichtige Gestalt. Sein früherer Name war Hermes Trismegistus und er wurde mit Euklid, Pythagoras und den mutmaßlichen ägyptischen Wurzeln der Bruderschaft in Verbindung gebracht.

FRIEDHOFSGÄRTEN

Friedhofsgärten wurden nach denselben Richtlinien gestaltet. Der vielleicht prächtigste und maßgeblichste von allen ist der große Friedhof Père-Lachaise in Paris, den der französische Freimaurer Alexandre-Théodore Brongniart entworfen hatte und der 1804 eröffnet wurde. Gediegene klassische Gruften säumen die Wege auf dem Friedhof; jede davon war mit charakteristischen Pflanzungen aus Limetten, Kastanien, Pappeln und vor allem Akazien ausgestattet.

Die Akazie wurde schon lange als heiliger Baum geschätzt und ist im freimaurerischen Kontext sehr bedeutend. Sie wird nicht nur mit Altägypten in Verbindung gebracht: Der freimaurerischen Überlieferung zufolge war es ein Akazienzweig, der das Grab von Hiram Abif markierte. Für Freimaurer ist er ein Symbol für die Unsterblichkeit der Seele.

GOETHE UND GÄRTEN

Der deutsche Dichter Johann Wolfgang von Goethe war ein berühmter Freimaurer, der die Erschaffung eines Gartens und der Gebäude darin nach freimaurerischen Richtlinien zum zentralen Thema seines Romans Die Wahlverwandtschaften *machte. Er enthält unzählige freimaurerische Anspielungen, etwa auf „quadratische Steine", ein Symbol für Ordnung und Regelmäßigkeit, sowie „Kalkmörtel" zum Einbetten der Steine. Dieser war wegen seiner „Bindekraft" so wichtig. Goethe wies auf die Parallele hin, dass das Gesetz als sozialer Zement zwischen den Menschen wirkt.*

TEIL VIER

ZEICHEN UND SYMBOLE

Historische Hinweise auf die Ursprünge der Freimaurerei sind spärlich. Doch wir wissen, dass die Vorväter der modernen Freimaurer eine bessere Welt erschaffen wollten, in der die Menschen friedvoll zum Wohle der Menschheit zusammenarbeiten. Wie es damals üblich war, benutzten sie Allegorien und Symbole, um ihre Ideale zu vermitteln. Da sich ihre zentralen Lehren um das Bauen drehten, bezogen sie ihre wichtigste Allegorie aus der Bibel, aus der auch viele Zeichen und Symbole abgeleitet wurden. Auch Geschichte, Mythologie und klassische Legenden trugen dazu bei, und ein großer Teil der Symbolik ist mathematischer und geometrischer Natur. Die Freimaurerei schreibt den Symbolen keine Bedeutungen zu, doch bei vielen gibt es eine allgemeine Übereinkunft darüber, was sie darstellen.

Altes handgewebtes Leinen mit den wichtigsten freimaurerischen Symbolen.

DIE WERKZEUGE

Die so genannten Werkzeuge der Freimaurerei sind Zirkel, Winkel, 24-Zoll-Massstab, Hammer, Lot, Wasserwaage und Kelle. In der Werkmaurerei waren das die Werkzeuge des Steinmetzhandwerks. In der blauen Freimaurerei erhielten sie symbolische Bedeutung; jedem Werkzeug wurden bestimmte Tugenden und Prinzipien zugeschrieben. Die bedeutendsten sind vermutlich Winkel und Zirkel – sicherlich auch die bekanntesten.

WINKEL UND ZIRKEL

Zwei der drei Großen Lichter der Freimaurerei sind Winkel und Zirkel; deshalb spielen sie in den freimaurerischen Initiationsritualen zu den drei Graden eine wichtige Rolle. Im ersten Grad ist der Winkel eines der drei großen Lichter; im zweiten ist er ein Werkzeug; im dritten ist er das Abzeichen des Meisters vom Stuhl. Er wird auf verschiedene Arten abgebildet. Bei französischen Freimaurern hat er stets einen längeren Schenkel, doch bei den amerikanischen Winkeln sind sie immer gleich lang. Doch unabhängig davon ist seine Bedeutung konstant. Er steht für Moral, Aufrichtigkeit und fairen Handel.

Der Zirkel ist das bekannteste Symbol der Freimaurerei für Aufrichtigkeit und Treue. Man glaubt, dass das heilige Gesetzbuch die Pflichten des Freimaurers gegenüber dem Höchsten Wesen beleuchtet, der Winkel seine Pflichten gegenüber seinen Mitbrüdern und der Gesellschaft darstellt und der Zirkel ein zusätzliches Licht wirft, damit er seine Verpflichtungen gegenüber sich selbst versteht – um Leidenschaften und Begierden Grenzen zu setzen. Manche Freimaurer halten den Zirkel für ein Symbol der Sonne, wobei der Angelpunkt den Körper der Sonne repräsentiert, die Schenkel des Winkels deren Strahlen.

ANDERE WERKZEUGE

Der 24-zöllige Maßstab ist ein etwa 60 cm langes Lineal mit einer Zoll-Einteilung. Im ersten Grad stehen diese Abschnitte für die Stunden des Tages. Sie sollen den Lehrling die Notwendigkeit lehren, seine Zeit guten Zwecken zu widmen.

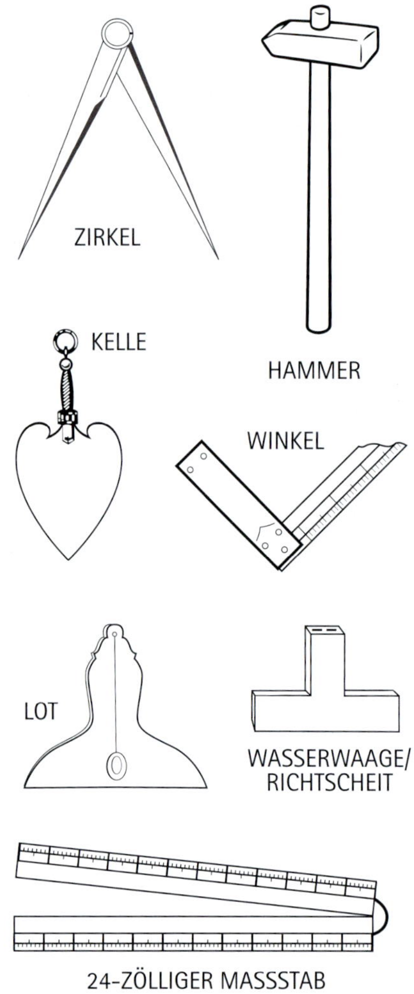

Jedes Werkzeug hat in der Freimaurerei seine eigene Bedeutung. Gemeinsam werden sie als „Evangelisten eines neuen Tages" bezeichnet.

Auch der Spitz- oder Steinmetzhammer gehört zu den Werkzeugen des Lehrlings. Steinmetze brachen damit die Kanten unbehauener Steine, um sie für das Bauen geeignet zu machen. In der symbolischen Freimaurerei soll der Spitzhammer an die Notwendigkeit erinnern, Herz und Denken von all dem zu befreien, was als Laster und Überflüssiges bezeichnet wird. Der Hammer, den der Meister vom Stuhl benutzt, wird auch ein „Hiram" genannt, weil er – wie der große Architekt – die Bruderschaft leitet und die Ordnung in der Loge aufrechterhält, wie es Hiram in König Salomons Tempel tat.

Die Kelle ist jenes Werkzeug, das Werkmaurer für den physischen Prozess des Ausbreitens der Zementmasse verwenden. In der symbolischen Freimaurerei steht die Kelle für „den edlen und glorreichen Zweck, den Zement der brüderlichen Liebe und Zuneigung zu verteilen". Sie ist das Arbeitswerkzeug des dritten Grades, des Meisters, der mit ihr die Arbeit der vorhergehenden beiden Grade festigt und vervollständigt.

Siegel oder Stempel der Grand Lodge of Ireland mit einer Kelle, dem wichtigsten Werkzeug eines Meisters.

Architektonische Zeichen auf dieser Freimaurer-Medaille stehen für die verschiedenen Qualitäten, aus denen die Wahrheit besteht.

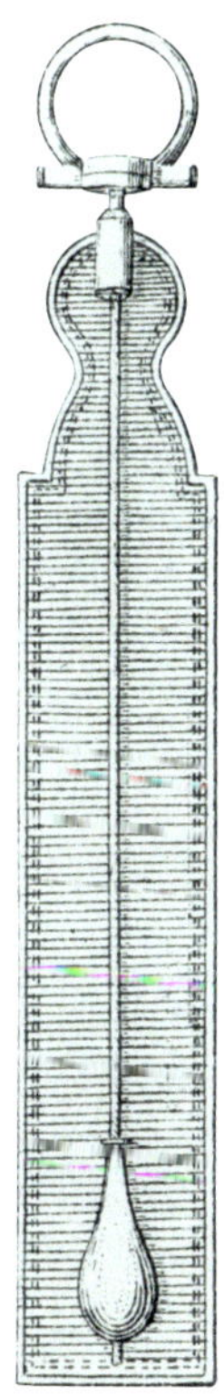

Kleinod eines Zweiten Großaufsehers; es zeigt das Lot, das zusammen mit der Wasserwaage ein Symbol für den Gesellengrad darstellt.

SYMBOLISCHE BEDEUTUNGEN

Der Winkel und der Zirkel sind die bekanntesten Werkzeuge der Freimaurerei. Der Winkel steht für Moral, Rechtschaffenheit und fairen Handel, der Zirkel symbolisiert Aufrichtigkeit und Treue.

Der Meister einer irischen Loge wurde 1787 sitzend zwischen zwei Säulen, den Zwillingssäulen des Salomontempels, porträtiert. Auf dem Altar befinden sich die Bibel und eine Auswahl an Werkzeugen.

DER SYMBOLISCHE TEMPEL

Der Tempel ist ein überragendes freimaurerisches Symbol, er ist „das Haus, das nicht mit Händen erbaut wurde, ewig im Himmel", ein Zeichen der Hoffnung. Die Verbindung zwischen dem salomonischen Tempel und der angewandten Baukunst geht sicherlich bis in die Zeit der Werkmaurerei zurück, als man Kandidaten der Grade lehrte, sie würden einen bestimmten, für die Errichtung des grossen Bauwerks nötigen Stein repräsentieren. Die Zeremonien drehten sich dann um die Vorbereitung, Prüfung und Positionierung dieses Steins.

Biblische Berichte lassen keinen Zweifel daran, dass Werkmaurer und andere Handwerker, die beim Bau des Salomontempels zusammenarbeiteten, über die Symbolik des Bauwerkes, das sie errichteten, Bescheid wussten. Jedes einzelne Merkmal des großartigen Bauwerks hatte religiöse und symbolische Bedeutung. Sogar nach der Zerstörung des Tempels durch Nebukadnezar II. anerkannte man seine Bedeutung auch beim Bau des zweiten Tempels und seiner späteren Restaurierung. Flavius Josephus, der römische Gouverneur von Galiläa einige Jahrhunderte später, berichtete in *Jüdische Altertümer* (93 n. Chr.), dass König Herodes den Bau des zweiten Tempels 20 v. Chr. nicht nur Stück für Stück abwickeln ließ, um die rituellen Bräuche nicht zu unterbrechen, sondern dass er auch tausende Priester als Maurer ausbilden ließ, damit sie den Schrein errichten konnten.

SYMBOLE UND ALLEGORIEN

In der Freimaurerei gelten alle Freimaurerlogen und -tempel als symbolische Repräsentationen des Salomontempels. Die so genannte Besichtigung der Kandidaten in der Loge während der Einführungszeremonien zu den drei Graden sind stark an die antiken Tempelrituale angelehnt. Eine große Auswahl an Werkzeugen dient der moralischen Anleitung der Bruderschaft, wobei häufig Bezüge zur Arbeit am Tempel genommen werden.

Der Tempel des Salomon aus der Sicht eines Künstlers aus dem 18. Jahrhundert. Ob Salomon nun Freimaurer war oder nicht, ohne Zweifel blieb sein Tempel ein beständiges und mächtiges Symbol.

John Hamill schreibt in *The Craft: A History of English Freemasonry*, dass der Kandidat beim Passieren der verschiedenen Zeremonien erfährt, dass die erfahrenen Werkmaurer, die am Tempelbau mitwirkten, in Lehrlinge und Gesellen unterteilt waren und von drei Großmeistern geleitet wurden – Salomon, König Hiram von Tyrus und Hiram Abif –, die gewisse Geheimnisse des Handwerks hüteten, die nur ihnen bekannt waren. Diese gingen durch die Ermordung Hiram Abifs verloren; danach wurden Ersatzgeheimnisse benutzt, „bis die Zeit oder die Umstände die alten wieder herstellen würden". Trotz der Implikation, dass die Freimaurerei bereits in Salomons Zeiten gegründet wurde, ist das Ritual nur eine dramatische Allegorie auf die Lehren der Bruderschaft, die von einer Freimaurergeneration an die nächste weitergegeben werden. Eine andere solche Allegorie ist die des großen Schlusssteins, der den Bogen zur geheimen Gruft vervollständigt.

Bestimmte Merkmale des Salomontempels, wie die beiden Säulen am Eingang, werden ebenfalls als freimaurerische Symbole verwendet. Diese Säulen stellen die engste physische Verbindung der Freimaurerei zum ursprünglichen Tempel dar und sind bis heute in ihren Zeremonien sehr wichtig.

DAS VERMÄCHTNIS DES TEMPELS

Obwohl er 967 v. Chr. für die Ewigkeit errichtet wurde, wurde der Tempel nach wenigen Jahrhunderten zerstört. Sein Einfluss war jedoch unermesslich.

Oben: König Salomon erbaute einen großen Tempel in Jerusalem und erfüllte damit den Traum seines Vaters David.

Unten: Um 70 n. Chr., als Jerusalem von den Römern in Brand gesetzt wurde, war der originale Salomontempel längst verschwunden; an seiner Stelle stand der von Herodes erbaute Zweite Tempel.

DIE GROSSE PYRAMIDE

So weit es ihre Rituale betrifft, wurde die moderne Freimaurerei sicherlich vom Glauben der antiken Ägypter beeinflusst. Obwohl es dafür keine Beweise gibt, sollen die Ursprünge der Bruderschaft bis zu den Anfängen der Architektur selbst zurückreichen. Daher, so wird argumentiert, müsse eine Verbindung zwischen der Freimaurerei und den Pyramiden bestehen, den ältesten noch existierenden Beispielen für monumentale Baukunst.

Manche Gelehrten meinen, dass die spirituellen Lehren, die in den freimaurerischen Ritualen enthalten sind, extrem alt sind und von vielen Religionen und Philosophien seit Urzeiten beeinflusst wurden. Die wichtigsten Einflüsse lieferte die Religion der alten Ägypter, deren älteste geschriebene Berichte in den so genannten *Pyramidentexten* – Hieroglyphen-Inschriften in den drei Pyramiden in der Wüste Sakkara – erhalten sind. In den Texten geht es um die Vorstellung eines Kreises der Existenz, den die Ägypter durch das Passieren der verschiedenen Kammern in der Großen Pyramide zum Ausdruck brachten. Das Konzept einer rituellen Reise sollte später bei den antiken Griechen und anderen Kulturen wieder auftauchen. Der griechische Architekt Daedalus, mutmaßlicher Erfinder von Axt, Ahle und Zollstock, entwarf und baute das große Labyrinth in Knossos auf Kreta: das erste Labyrinth der Welt.

Die Ähnlichkeiten zwischen solchen Ritualen und Zeremonien der Freimaurer sind offensichtlich. In letzteren sind symbolische Bezüge zum Kreis der Existenz enthalten. Laut Maurizio Nicosia in *The Sepulchre of Osiris* ist „der Ritus als Pyramide aufgebaut … das Bild der Pyramide führt unmittelbar zu den ägyptischen Gräbern und zur Reise von der Loslösung vom Körper bis zum Aufstieg, dem Ziel der Initiation".

Die Pyramiden, abgebildet mit der Sphinx im Vordergrund. Ab dem späten 18. Jahrhundert waren die Freimaurer durchweg begeisterte Ägypten-Fans; daher kommen die Pyramiden in ihrer Symbolik auch sehr häufig vor.

DER ERSTE ARCHITEKT

Ein weiterer Grund für die enge Verbindung der Freimaurer zu den Pyramiden besteht darin, dass sie vom ersten bekannten Architekten der Welt geplant und erbaut wurden. Es handelt sich um die Stufenpyramide in Sakkara und um Imhotep, den Chefarchitekten von König Djoser. Der ägyptischen Mythologie zufolge war er der Sohn des Gottes Ptah, dem Gott des Feuers und Baumeister des Universums. Manche behaupten, Ptah war die Reinkarnation von Osiris, der in den freimaurerischen Mythen ebenfalls eine große Rolle spielt.

Imhotep selbst sollte zum Gott werden – zum göttlichen Sohn der Triade von Memphis. Über Imhoteps architektonische Konzepte ist wenig bekannt, bis auf seine Überzeugung, dass ein Bauwerk vor allem ein starkes, dauerhaftes Fundament benötigt: Er meinte, dass Säulen und Pfeiler am besten geeignet wären, die nötige Stabilität zu gewährleisten. Später kam die Imhotep-Verehrung im graeco-romanischen Raum stark in Mode.

Eine Freimaurer-Medaille weist ägyptische Einflüsse auf. Manche meinen, die Pyramide und das Allsehende Auge auf dem Siegel der USA würden auf die Freimaurer zurückgehen.

Rechts: Der Übergang von der zweiten zur dritten Galerie in der Großen Pyramide. Ebenso wie die Freimaurer glaubten die Ägypter an eine rituelle Reise, die durch Passagen wie diese zum Ausdruck gebracht wird.

DAS VERMÄCHTNIS DER ÄGYPTER

Ab dem späten 18. Jahrhundert strebten alle Arten von Geheimgesellschaften und Kulten – von den Rosenkreuzern bis zu den Freimaurern – danach, Zeichen der ägyptischen Kultur und Religion für sich zu beanspruchen, um ihren Riten und Praktiken einen antiken Anstrich zu geben. In einigen Fällen behaupteten sie sogar, direkte Nachkommen der ägyptischen Priesterschaft zu sein. Freimaurer sahen ihre Logen als ägyptische Tempel und dekorierten sie entsprechend mit ägyptischen Symbolen, vor allem Hieroglyphen. Klar ist nur eines: Obwohl die Pyramide ein freimaurerisches Symbol ist, stellt sie nur einen der zahlreichen ägyptischen Einflüsse dar.

SALOMONS SÄULEN

Für die Freimaurerei sind die bedeutendsten Säulen jene gewaltigen Zwillingssäulen, die ursprünglich vor dem Portal von König Salomons Tempel in Jerusalem standen. Die Linke, Boas genannt, trug die Inschrift „Möge der Herr den Thron Davids und sein Königreich für seine Nachkommenschaft für immer bestehen lassen". Auf der rechten, Jachin, hieß es: „An der Stärke des Herrn soll sich der König erfreuen."

Jachin und Boas waren jedoch nicht die ersten Säulen in der freimaurerischen Überlieferung. Wie in den ältesten Dokumenten berichtet wird, fertigten die Kinder des Lamech in Vorbereitung auf die Zerstörung der Welt durch Feuer und Flut die ältesten Säulen in der mythologischen Geschichte der Bruderschaft an. Diese waren unzerstörbar, daher wurden auf ihnen Details „aus allen Wissenschaften" festgehalten, um sicherzustellen, dass das Wissen die Katastrophe überdauern würde.

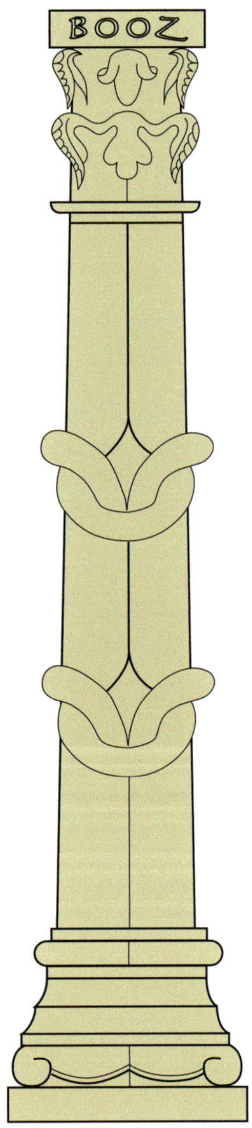

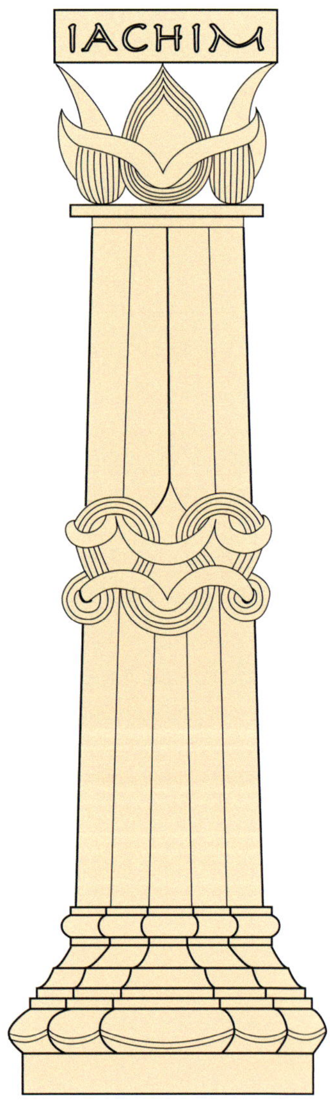

Links: Die Hathor-Säule in Dendera, Ägypten. Die großen Säulen hatten ohne Zweifel eine ähnliche symbolische Bedeutung wie die vor König Salomons Tempel.

Mitte und rechts: Die Säulen Jachin und Boas haben in der Symbolik der Freimaurer allegorische Bedeutung. Boas bedeutet „in Stärke"; Jachin bedeutet „denn Gott wird errichten", eine Erinnerung an die Verheißungen Gottes.

SYMBOLIK VON JACHIN UND BOAS

Diese Zwillingssäulen sind als Symbole der Freimaurerei fast so bekannt wie Winkel und Zirkel. In ihren Ritualen symbolisieren Jachin und Boas unter anderem Weisheit und Verstehen, und ihre symbolische Bedeutung wird als Teil der Einführung in den ersten und zweiten Grad erläutert. Erste Belege für ihre Präsenz stammen aus Schottland, aus dem Jahr 1696, obwohl es wahrscheinlich ist, dass sie sich bereits zwischen 1500 und 1630 einen wichtigen Platz erobert hatten. Bald danach wurden die Säulen zum regulären Bestandteil der Einrichtung einer Freimaurerloge.

ÄLTERE SÄULEN

Das Cooke-Manuskript berichtet, dass die zwei ältesten Säulen der Freimaurerei von den Kindern des Lamech erschaffen wurden. Die erste Erwähnung der salomonischen Säulen in Ritualen der Bruderschaft findet sich in einem schottischen Manuskript 1696, einem Katechismus im Zusammenhang mit „Freimaurerwort"-Zeremonien. Als die Zeremonien umgestaltet wurden, um eine allegorische Verbindung zum Tempel zu integrieren, wurden die Tempelsäulen durch die älteren ersetzt.

ENTWICKLUNG DER SÄULEN

Anfangs wurden die beiden Säulen mit Kreide und Kohle auf den Boden gezeichnet, zusammen mit den Kleinen Lichtern – drei Kerzen, die für die „Sonne, die den Tag, den Mond, der die Nacht und den Meister, der die Loge beherrscht", stehen und im Dreieck aufgestellt wurden, um die Säulen zu erleuchten. Mitte des 18. Jahrhunderts besaßen die Aufseher jedoch bereits eigene Versionen. Dem Pamphlet *Three Distinct Knocks* zufolge, das 1760 publiziert wurde und die Bräuche der Freimaurer publik machen wollte, hatten „der Erste und der Zweite Aufseher ihre Säulen in der Hand, jeweils etwa 20 Zoll lang, die die

Säulen, auf denen Globen thronen, die mit Welt- und Himmelskarten geschmückt sind, zieren so manchen Arbeitsteppich als Teil von König Salomons Tempel.

Eine Ansicht von Jerusalem aus dem 15. Jahrhundert, die aus der Nürnberger Chronik stammt. Zu sehen sind der Tempel des Salomon, die befestigte Stadtmauer und die Stadttore.

beiden Säulen vor dem Portal des Salomontempels darstellen. Der Erste ist Boas oder Stärke, der Zweite Jachin oder Weisheit".

Schließlich tauchten die beiden Säulen als handliche Einrichtungsgegenstände auf, obenauf eine Messingschüssel oder ein Globus mit Welt- oder Himmelskarten. Sie standen meisten am Westende der Loge. Dort bildeten sie ein Portal, das die Kandidaten zu den Graderhebungszeremonien durchschreiten mussten.

Auch in der Architektur der Freimaurer kommen Säulen häufig vor. Einzelsäulen dienen häufig als Denkmäler, während Säulenpaare auf Stabilität und Stärke verweisen. Dreiergruppen symbolisieren Kooperation und Perfektion. Vierergruppen repräsentieren Erde, Wasser, Luft und Feuer und stellen Vollständigkeit und Erfüllung dar.

DAS ALLSEHENDE AUGE

Das Auge der Vorsehung, oft als Allsehendes Auge bezeichnet, besteht aus einem Auge, das von einem Strahlenkranz umgeben und oft von einem Dreieck umschlossen ist. Es wird meistens als Auge Gottes interpretiert – in der Sprache der Freimaurer: des höchsten Wesens –, der über die Menschheit wacht. Es kann bis zu den alten Ägyptern und zum Auge des Horus zurückverfolgt werden. Für sie war es ein Symbol für Macht und Schutz.

Das Allsehende Auge erinnert die Freimaurer daran, dass der Allmächtige Baumeister des Universums all ihre Taten sieht. Meistens wird es von einem Strahlenkranz unterhalb des Auges begleitet, wobei die untersten Strahlen oft weit nach unten reichen. Manchmal ist es von einem Dreieck umschlossen, was vielleicht eine Referenz an die von den Freimaurern bevorzugte Zahl Drei symbolisiert. In anderen Versionen steht der Buchstabe G (für „Great Architect") anstelle des Auges.

DAS ORIGINAL DES AUGES

In der Literatur der Freimaurer dürfte das Allsehende Auge erstmals in Thomas Smith Webbs 1797 publiziertem *The Freemasons Monitor* auftreten. Darin schrieb Webb: „Obwohl unsere Gedanken, Worte und Taten vor den Augen der Menschen verborgen sein mögen, dringt das Allsehende Auge, dem Sonne, Mond und Sterne gehorchen und unter dessen achtsamer Obhut die Kometen ihre gewaltigen Kreise ziehen, in die innersten Nischen

Das Auge der Vorsehung und das G (Großer Baumeister) blicken wohlwollend auf den freimaurerischen Prozess der Erleuchtung herab.

des menschlichen Herzens vor und belohnt uns entsprechend unseren Verdiensten."

Webbs Buch erschien, ein gutes Jahrzehnt nachdem das Auge der Vorsehung als Teil der Symbolik auf der Rückseite des Siegels der Vereinigten Staaten auftrat. Auf dem Siegel ist es von den Worten *annuit coeptis* umgeben, was so viel bedeutet wie „es ist unseren Unternehmungen förderlich". Das Auge ist über einer unvollendeten Pyramide positioniert, deren 13 Stufen die ursprünglichen 13 Staaten repräsentieren und die das zukünftige Wachstum der Nation erahnen lässt. Insgesamt wird hier also ausgedrückt, dass das Auge – Gott – den Erfolg Amerikas begünstigt.

Angesichts der aktiven und fortgesetzten antifreimaurerischen Propaganda erscheint es höchst unwahrscheinlich, dass die Freimaurerei etwas mit dem Entstehen des Großen Siegels zu tun hatte. Keiner der Designer war Freimaurer. Wahrscheinlicher ist, dass die Fehlinterpretation des Siegels als freimaurerisches Symbol 1884 begann, als der Harvard-Professor Eliot Charles Norton schrieb, dass „die Rückseite kaum anders aussehen könnte als ein langweiliges Emblem einer freimaurerischen Bruderschaft". Aus diesem scheinbar harmlosen Kommentar entstand eine Verschwörungstheorie, die von vielen bis heute geglaubt wird.

Oben: Das Auge Gottes wacht über die Menschheit. Das Symbol ist nicht rein freimaurerisch; häufig tritt es auch in der christlichen Kunst auf.

Rechts: Auf der Ein-Dollar-Note sind eine Pyramide und das Auge zu sehen (Großes Siegel). Trotz antifreimaurerischer Behauptungen gibt es keinen Beweis, dass Freimaurer etwas damit zu tun hatten.

Auf dieser aufwändig gestalteten Einladung zum Logenabend sieht man das Allsehende Auge, die Sonne, den Mond und die beiden Säulen des Salomontempels. All das sind freimaurerische Symbole.

Auch wenn die Freimaurerei das Allsehende Auge schließlich für sich annahm, ist es bei Weitem kein rein freimaurerisches Symbol. Das Auge in einem gleichseitigen Dreieck mit nach oben oder unten gerichteter Spitze tritt auch in der christlichen Kunst auf, und ein einzelnes Auge stand in der Kunst der Renaissance allgemein für eine „allwissende allgegenwärtige Gottheit".

SONNE UND FLAMMENSTERN

In der Freimaurerei stehen Sonne und Mond zusammen für Weisheit, Macht und Güte, während der Flammende Stern ein Sinnbild der Göttlichkeit und Auferstehung ist. Das ist nicht verwunderlich, da es eines der Hauptziele der Bruderschaft ist, ihre Mitglieder auf dem Pfad zum wahren Licht zu führen. Da es in vielen Freimaurerschriften Bezüge zu solchen und anderen astronomischen Phänomenen gibt, glaubten viele, dass die Freimaurerei etwas mit Astrologie zu tun hätte. Nichts könnte der Wahrheit ferner sein.

Ein Astronom aus dem 17. Jahrhundert. Das Studium der Sterne ist ein wichtiges Merkmal der Freimaurerei.

DIE SONNE

Versuche, die Freimaurerei mit antiken, geheimen Sonnenanbetungskulten zu verbinden, begannen irgendwann im 19. Jahrhundert und dauern bis heute an. In ihrem 1977 erschienen Werk *The Hiram Key* meinen Christopher Knight und Robert Lomas: „Freimaurer behaupten heute stets, dass sie sich symbolisch zu Mittag treffen, da die Freimauerei eine weltweite Organisation ist und die Sonne daher im Bezug zur Freimauerei stets im Zenit steht. Die freimaurerische Bezeichnung für Gott als ‚Allerhöchster' ist daher eine Beschreibung von Re, dem Sonnengott der alten Ägypter, in seiner höchsten Position, dem Zenit zu Mittag." Mit denselben Mitteln wurde versucht zu beweisen, dass einige der mystischen Worte in freimaurerischen Ritualen „rein ägyptisch" wären. Wenn, dann könnten diese Worte höchstens bis ins Althebräische zurückverfolgt werden.

Trotzdem gibt es Verbindungen zwischen der Bruderschaft und der Astronomie. Bereits 819 n. Chr. schrieb der Erzbischof von Mainz: „Die Astronomie lehrt uns die Gesetze der Sternenwelt, sie beruht auf der Erforschung der natürlichen Phänomene, um den Lauf der Sonne, des Mondes und der Sterne zu bestimmen und die Zeit exakt einschätzen zu können." Das kommt dem, was Freimaurer glauben, sehr nahe.

DER FLAMMENDE STERN

Ebenso haben antifreimaurerische Autoren versucht, den flammenden Stern der Freimaurerei mit Venusanbetung und okkulten Ritualen in Verbindung zu bringen. Auch das ist inkorrekt. Zusammen mit dem Musivischen Boden und dem Gezackten Rand ist der Flammende Stern eines der Hauptornamente der Loge und kommt kurz im Ritual zur Aufnahme in den ersten Grad vor.

Der flammende Stern weist eine doppelte Symbolik auf, ähnlich wie der Rand, der den Boden als Umgrenzung umschließt. Die erste ist sehr direkt – der Stern symbolisiert die Sonne –, ist jedoch weniger wichtig. Viel bedeutender ist, dass der Stern für das Höchste Wesen steht und uns an die „Allgegenwart des Allmächtigen" erinnert sowie an die Tatsache, dass „wo immer wir uns auch versammeln, Gott unter uns ist, unsere Handlungen sieht und die geheimen Absichten und Begierden in unseren Herzen liest". Der Stern wird mit dem Stern von Bethlehem identifiziert, der den Hirten die Geburt Jesu anzeigte und die drei Weisen an ihr Ziel führte.

Mitte: Erde, Sonne und Mond gemeinsam auf einer Freimaur-Medaille.

Unten: Freimaurer-Medaille mit dem Flammenstern.

Oben: Dem freimaurerischen Ritual zufolge ist das Verstehen der Gesetze der stellaren Welt wichtig, um eine exakte Zeitrechnung zu bewirken.

Ein irisches Freimauer-Kleinod aus dem späten 18. Jahrhundert zeigt den Flammenstern und andere Symbole.

DIE FREIMAURER UND DIE SONNE

Die Sonne ist eines der Kleinen Lichter der Freimaurerei. Als Lichtquelle erinnert sie den Freimaurer daran, nach intellektueller Erleuchtung zu streben. Das ist einer der Gründe, warum alle Zeremonien in den Logen nach Osten gewandt ausgeführt werden. Laut freimaurerischem Ritual erhebt sich der Meister vom Stuhl im Osten und leitet die Loge, ebenso wie sich die Sonne im Osten erhebt und den Tag regiert. Zusammen mit dem Mond, der die Nacht steuert und beherrscht, repräsentiert die Sonne die aktiven Kräfte der Natur, welche nur im Gleichgewicht existieren können.

DER MOND

Im Ritus der modernen Freimaurerei ist der Mond das zweite der Kleinen Lichter. Seinen Platz im freimaurerischen Pantheon hat er zunächst aus dem Buch Genesis, in dem berichtet wird, wie Gott am vierten Tag „die zwei Großen Lichter schuf; das größere Licht, das den Tag regiert, und das kleinere, um die Nacht zu beherrschen". Es gibt auch eine Verbindung zur Alchemie des Mittelalters, da es die Alchemisten waren, die als erste dem Mond eine symbolische und rituelle Bedeutung zuschrieben. Für sie repräsentierte er das Silber und sie benutzten ihn, um dieses Metall in ihren geheimen Schriften darzustellen.

In der Alchemie gehörten Darstellungen des Mondes und der Sonne mit menschlichen Gesichtern zu den häufigsten Abbildungen. Auf den ältesten freimaurerischen Arbeitsteppichen wurden praktisch dieselben Symbole verwendet, daher besteht kein Zweifel, dass die ersten spekulativen (symbolischen) Freimaurer ihren Vorgängern in diesen Belangen etwas zu verdanken haben, auch wenn es keine direkte Verbindung zwischen

Für die Alchemisten war der Mond ein Symbol für das Metall Silber. Für die Freimaurer ist er das zweite der Kleinen Lichter in einer Loge.

Für die Freimaurer ist der Mond ein Symbol der Regelmäßigkeit, was mit den Mondphasen zu tun hat, mit deren Hilfe man die Zeit messen kann.

der Bruderschaft und diesen Vorläufern der modernen Wissenschaft gibt. Auch andere freimaurerische Symbole wie Lot, Winkelmaß, Rauer und Behauener Stein tauchten zuerst in alchemistischen Texten auf.

DIE KLEINEN LICHTER

Die ersten Erwähnungen der Sonne, des Mondes und des Meisters vom Stuhl als die drei Kleinen Lichter der Freimaurerei scheinen aus der so genannten Antient Grand Lodge of England zu stammen, die sich Mitte des 18. Jahrhunderts von der ursprünglichen Premier Grand Lodge abspaltete. In der amerikanischen Freimaurerei wurde die Interpretation der Antients rasch angenommen.

Bei der Aufnahmezeremonie in den Ersten Grad wird der Mond als biblischer Beherrscher der Nacht bezeichnet. In allgemeinerem symbolischen Kontext wird er mit dem Ersten Aufseher der Loge in Zusammenhang gebracht, der sich bei solchen Ritualen westlich vom Meister vom Stuhl befindet. Manchen freimaurerischen Interpretationen zufolge reflektiert der Erste Aufseher das Licht des Meisters ebenso wie der Mond das Licht der Sonne zurückwirft. In diesem Zusammenhang ist es auch interessant, dass der Zweite Schaffner, der in der Loge als Botschafter des Ersten Aufsehers fungiert, als sein Beamtenabzeichen den Winkel und den Zirkel trägt, die den Mond umschließen.

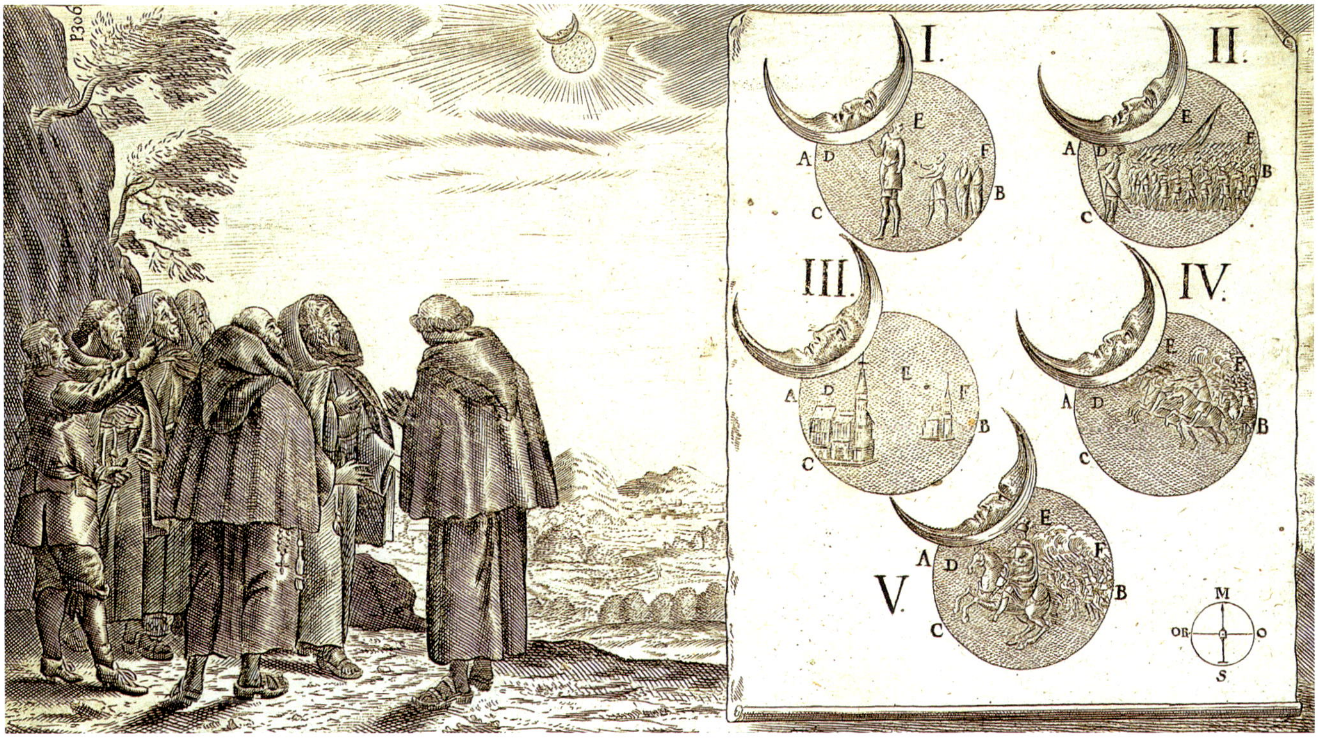

MONDLOGEN

Der Mond besitzt in der Freimaurerei sowohl praktische als auch symbolische Bedeutung, und genau das hat zur Verwirrung von Außenstehenden in Bezug auf seine freimaurerische Bedeutung beigetragen. In den Anfangstagen der Bruderschaft war er tatsächlich ein Leuchtfeuer, mit dessen Hilfe ein Freimaurer nach einem Logentreffen im Dunkeln den Weg nach Hause finden konnte, vor allem auf dem Lande. Daher wurden Logenabende häufig in Vollmondwochen abgehalten. Solche Logen wurden als Mondlogen bezeichnet.

So gesehen ist es leicht verständlich, wie sich der Ruf der Freimaurer als Mondanbeter entwickeln konnte. Heute geht die Zahl solcher Logen stark zurück, da nur mehr wenig Grund besteht, das Datum für die Logenabende nach dem Mond zu richten.

Oben: Beobachtung der Mondphasen. Es waren die mittelalterlichen Alchemisten, die dem Mond zeichnerische und rituelle Bedeutung verliehen.

Unten: Eine auf Arbeitsteppichen häufige Darstellung: der vermenschlichte Mond, von Sternen umgeben.

ALCHEMIE UND FREIMAURERE

Die Alchemisten waren eine Gruppe von Mystikern, die etwa ab dem 12. Jahrhundert auftraten und als Vorläufer der modernen Chemiker gelten. Sie glaubten vor allem, dass man unedle Metalle wie Blei in Edelmetalle verwandeln könnte. Doch sie waren auch Philosophen, die in ihren Lehren zahlreiche Symbole und Zeichnungen verwendeten. Ein Großteil der grafischen Symbole wie Lot, Winkelmaß, Wasserwaage, Rauer und Behauener Stein verdanken ihre Existenz älteren alchemistischen Texten und Schriftstücken.

DIE GLOBEN

Es gibt zwei Globen, die im Ritus der Freimaurer eine Rolle spielen. Man glaubt, dass deren Ursprünge bis zu den Zwillingssäulen zurückverfolgt werden könnten, die vor dem Salomontempel standen und auf denen jeweils ein Globus ruhte. Der Himmelsglobus symbolisiert den spirituellen Teil der menschlichen Natur, während der Erdglobus für deren materielle Seite steht. Heute zeigen sie an, dass der Glaube an die Freimaurerei universell ist.

Der traditionell auf dem zweiten Arbeitsteppich vermittelten Lektion zufolge gab es „zwei große Säulen, die vor dem Portal an der Südseite standen [...] sie waren hohl, um als Archive der Freimaurerei zu dienen, denn darin waren die Schriftrollen zu den Alten Pflichten verborgen [...] diese Säulen waren mit Kapitellen geschmückt [...] und mit zwei Kugeln, auf denen skizzierte Himmels- und Erdgloben zu sehen waren, die die Allgemeingültigkeit der Freimaurerei unterstrichen". Das ist eine nette Beschreibung, aber reine Mythologie.

Tycho Brahes System der Planetenbahnen. Erste Bezüge zur Astronomie gibt es bereits im Cooke-Manuskript, einem der ältesten Freimaurer-Dokumente.

Leider gibt es absolut keinen Beweis dafür, dass sich auf den Säulen Globen befanden – oder dass sie hohl waren –, doch es ist durchaus möglich, dass sie mit Bronzeschalen geschmückt waren, deren genauer Zweck uns aber verborgen bleibt. Tatsächlich werden die Säulen in den ältesten Manuskripten nicht ein einziges Mal erwähnt, obwohl Salomon und David, sein Vater, zu jenen Menschen gehört haben sollen, die „den Freimaurern wohlgesonnen" waren.

Globen wurden im Lauf des 18. Jahrhunderts als Krönung für die Säulen eingeführt, doch es existiert kein Hinweis darauf, dass sie im freimaurerischen Katechismus oder Ritus vor 1745 eine Rolle spielten. Um dieses Jahr herum tauchten Kugeln oder Globen erstmals auf Bodendarstellungen und Arbeitsteppichen auf. Was die salomonischen Säulen angeht, so stammen die ersten Berichte über Globen darauf aus den 1760er- und 1770er-Jahren.

Wann es auch immer geschah, die Einführung der beiden Globen ging langsam und alles andere als einheitlich vor sich. Manchmal standen die Globen extra auf vier- oder dreifüßigen Gestellen rechts und links des Meisterpodiums. In vielen Logen wurden die Globen Teil der logeneigenen Einrichtung, in anderen fanden sie scheinbar nie einen Platz.

Die Lage der Erde in den Himmelssphären – eine weitere Art, die Universalität der Freimaurerei zu betonen.

GLOBEN UND KARTEN

Es scheint auch sehr wahrscheinlich, dass die Globen mit Welt- und Himmelskarten darauf eher eine Erfindung des 18. Jahrhunderts waren statt biblischen Ursprungs. In der Ausgabe von 1775 beschäftigt sich *The Illustrations of Masonry* ausführlich mit den Globen, den spirituellen und moralischen Lektionen, die man daraus lernen könnte, und mit der Bedeutung der Astronomie für die Freimaurerei, doch erst aus dem Jahr 1802 stammt die erste Bestätigung dafür, dass sich auf den Globen Karten befanden, die auch Teil von Symbolik, Allegorie oder Ritus der Freimaurer waren.

PRESTON UND DIE GLOBEN

Als erster machte William Preston in seinen The Illustrations of Masonry, *die erstmals 1775 erschienen, detaillierte Angaben über Erd- und Himmelsgloben. Er definierte sie als „die edelsten Instrumente, die uns klare Vorstellungen über Probleme und Absichten liefern und uns ermöglichen, sie zu lösen". Dann schilderte er die moralischen Lektionen, die man aus ihnen beziehen könnte. Symbolisch umfasste ihre Bedeutung Weisheit und Verstehen.*

Globen dieser Art gab es in Freimaurerlogen des 19. Jahrhunderts reichlich. Sie traten stets paarweise auf – einer mit Welt- und einer mit Himmelskarte.

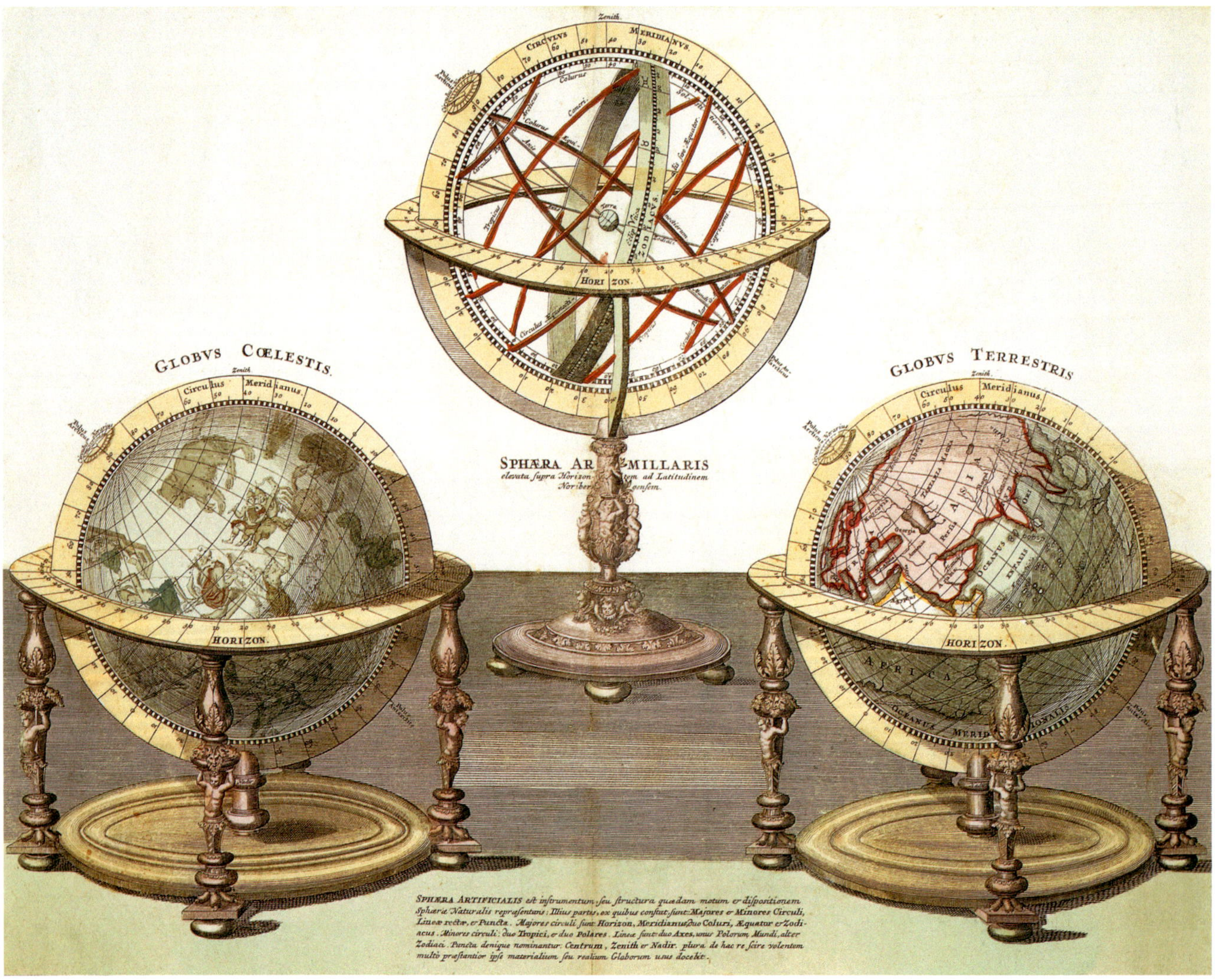

DAS MUSIVISCHE PFLASTER

Das Pflaster ist eines der drei Ornamente einer Freimaurerloge, ebenso wie der Flammende Stern und der Gezackte Rand. Es besteht aus einem Muster schwarzer und weißer Fliesen, das den Dualismus von Tag und Nacht darstellt. Die Ansichten über die tiefere symbolische Bedeutung des Pflasters gehen auseinander – manche glauben, dass es ein Sinnbild für das Leben des Menschen ist, andere meinen, es steht für die zwei Seiten jedes Dings, wie schwarz und weiß, aktiv und passiv, einfach und schwierig.

In der Freimaurerei repräsentiert der Musivische Boden zunächst und zuallererst den Boden im Salomontempel. Es gab Versuche, seine Wurzeln bis zu den antiken Ägyptern zurückzuverfolgen. In *Mysteries of Freemasonry* wird der Begriff „musivisch" zum Beispiel vom ägyptischen Wort für „vom Wasser in Sicherheit oder getrennt" abgeleitet, mit dem die neun Monate des Jahres bezeichnet wurden, in denen der Nil nicht über die Ufer getreten war. Das Erscheinungsbild des Landes, das zu Beginn dieser Jahreszeit gemustert aussah – Getreidefelder, die regelmäßig durch Bewässerungskanäle unterbrochen wurden –, wurde in der Gestaltung des Tempels durch das Bodenmosaik und das gleiche Wort, mit dem die Natur beschrieben wurde, wiederholt.

INTERPRETATION DER SYMBOLIK

In der Sprache der Freimaurer wird der Musivische Boden als „der schöne Boden" der Loge bezeichnet, seine Umgrenzung ist der „Saum" und der Flammende Stern „der Glorienschein im Zentrum". Der Boden soll die irdischen Aspekte der menschlichen Existenz repräsentieren, deren Prüfungen und Mühsal im Alltag. Er wird „schön" genannt, weil er schachbrettartig gemustert ist, als Erinnerung an die ewige Abfolge von Tag und Nacht und an die vielfältige Natur der Objekte, die die gesamte Schöpfung ziert.

Für den Boden wurden verschiedenste Interpretationen bemüht, darunter, dass er „das schwarzweiß gemusterte Leben des

Abbildung eines alten Tempels mit zahlreichen freimaurerischen Bildelementen rund um den Eingang und einer Frühversion des musivischen Bodens.

Menschen" symbolisiere oder „ein Leben aus guten und bösen Taten" oder „die Freuden und Leiden des Lebens". Die vermutlich beste Erklärung ist die, dass er eine Synthese von Gegensätzen darstellt.

DER GEZACKTE RAND

Die schachbrettartig gemusterte Umgrenzung des musivischen Bodens wird Zackenrand genannt. Freimaurerischen Kommentaren zufolge symbolisiert dieser Saum „den Segen und den Trost, der uns umgibt und den wir hoffen, aus dem treuen Vertrauen auf die göttliche Vorsehung zu beziehen, die hieroglyphisch durch den flammenden Stern im Zentrum symbolisiert ist".

Sein unwichtigerer Aspekt bezieht sich auf die Planeten in ihren Bahnen um die Sonne, doch sein wichtigerer Aspekt spielt auf das Himmelszelt an, das das Universum umgibt. Worauf die Symbolik hier abzielt, ist die Bedeutungslosigkeit der Menschheit, so lange sie nicht durch die Stärke und Weisheit eines Höheren Wesens geleitet wird.

Links: Auf diesem Arbeitsteppich sieht man den Musivischen Boden und die zwei Säulen des Tempels.

Rechts: Auf diesem Arbeitsteppich sind der Musivische Boden und der Pfad zur Erleuchtung dargestellt.

INTERPRETATION DER QUADRATE

Die Erklärungen für das Musivische Pflaster sind zahlreich. Die Standardansicht lautet, dass es ein Sinnbild für das menschliche Leben darstellt, durchsetzt von Gut und Böse. Andere meinen, die Quadrate würden Tag und Nacht symbolisieren.

STUFEN UND LEITERN

Die Wendeltreppe spielt eine wichtige Rolle bei der Beförderung zum Gesellengrad. Sie steht für den Drang des Menschen, zu wachsen und das Unbekannte zu erforschen. Die Treppe hinaufzusteigen symbolisiert seinen Fortschritt auf dem spirituellen Pfad, während er sich entwickelt und lernt, seine intellektuellen Fähigkeiten voll auszuschöpfen. Die Jakobsleiter kommt bei der Aufnahme in den Lehrlingsgrad vor. Sie symbolisiert die Lektionen, die das Leben uns lehrt und die, wenn sie richtig verstanden werden, unser Wissen mehren. Ihre Symbolik stammt aus der Genesis, aus Jakobs Traum von einer Leiter zum Himmel.

Für einen angehenden Gesellen ist die Wendeltreppe ein Zeichen, dass es nun Zeit ist, nach der göttlichen Weisheit zu suchen. Während er die Treppe hinaufsteigt, macht er zwei Pausen. Während der ersten erfährt er etwas über die „besondere Organisation" der freimaurerischen Bruderschaft. Das soll ihn an die Einheit der Menschen in der Gesellschaft erinnern, an den Segen der Zivilisation und die Früchte der Tugend. In der zweiten Pause erhält er Instruktionen über die Sinne und die Baukunst. Die ersteren symbolisieren intellektuelle Bildung, während ihn letzteres gemahnt, sein praktisches Wissen zu pflegen.

Der freimaurerischen Lehre zufolge begibt sich der Kandidat auf einen anstrengenden Aufstieg zu seinem Ziel. Niemand kann vorhersehen, was am oberen Ende der Wendeltreppe liegt – um das herauszufinden, muss man den Aufstieg vollenden. Daher gibt es auch hier die Herausforderung, etwas Unbekanntes zu entdecken.

DIE JAKOBSLEITER

Die Leiter wurde in England (nie jedoch in Kontinentaleuropa) vermutlich Mitte des 18. Jahrhunderts in die symbolische

Ein Silberbijoux aus dem späten 18. Jahrhundert. In den meisten antiken Mysterien stand die Leiter für Fortschritt.

Auf diesem Arbeitsteppich des Zweiten Grades wurde die Leiter zur Wendeltreppe, die zum Heiligtum eines Freimaurertempels führt.

Freimaurerei eingeführt. Möglicherweise stammt sie aus der Hermetik, wo sie als Symbol häufig vorkam. Jede Stufe hat eine Bedeutung – die erste steht für Gerechtigkeit, die zweite für Gleichheit, die dritte für Güte, die vierte für den Glauben, die fünfte für Arbeit, die sechste für Geduld und die siebte für Intelligenz. Einer anderen Interpretation zufolge symbolisieren sie Gerechtigkeit, Mildtätigkeit, Unschuld, Anmut, Glauben, Beständigkeit und Aufrichtigkeit. Insgesamt weist die Symbolik auf die Verbindung zwischen Glauben und Himmel hin, oder, wie es bei den Freimaurern heißt: „Glaube an Gott, Milde allen Menschen, Hoffnung auf Unsterblichkeit."

Es gibt zwei Erklärungen dafür, wieso die Anzahl der Stufen ungerade ist. Dem römischen Architekten und Schreiber Vitruv zufolge besaßen die meisten antiken Tempel eine ungerade Zahl an Stufen. Daher kam jeder, der diese Stufen erklomm, oben mit demselben Fuß an, mit dem er unten begonnen hatte, was als gutes Omen galt. Es könnte aber auch daran liegen, dass ungerade Zahlen im pythagoräischen System als perfekter galten als gerade, daher würde die ungerade Anzahl an Stufen den Zustand der Perfektion darstellen, den ein Initiand der Ersten Stufe erreichen sollte.

JAKOBS TRAUM

Als Jakob von einer Leiter träumte, die die Erde mit dem Himmel verband, versprach ihm Gott seinen Schutz und erneuerte sein Gelöbnis Abraham gegenüber, dass das auserwählte Volk das Land vom Fluss Euphrat nach Südwesten besitzen würde. Jakob gedachte des Traums, indem er den Stein, auf dem sein Kopf geruht hatte, zum Denkmal erklärte und ihn mit Öl übergoss, um jenen Ort zu kennzeichnen, an dem Gott präsent war.

In der Freimaurerei weist die Leiter stets sieben Sprossen auf, wobei jede für eine theologische oder soziale Tugend steht. In den weiterführenden Graden treten auch andere Leitern auf. Eine, die die Leiden Christi symbolisiert, wird auf der Suche nach der verlorenen Welt bestiegen. Eine andere bezieht sich auf die Verpflichtungen des Freimaurers gegenüber Gott, seinen Brüdern und der Menschheit insgesamt. Eine dritte repräsentiert die freien Künste, die der Maurer studieren soll.

In der Bibel legt sich der müde Jakob hin und träumt von einer Leiter, die bis zum Himmel reicht. In der Freimaurerei haben Sprossen und Holme symbolische Bedeutung.

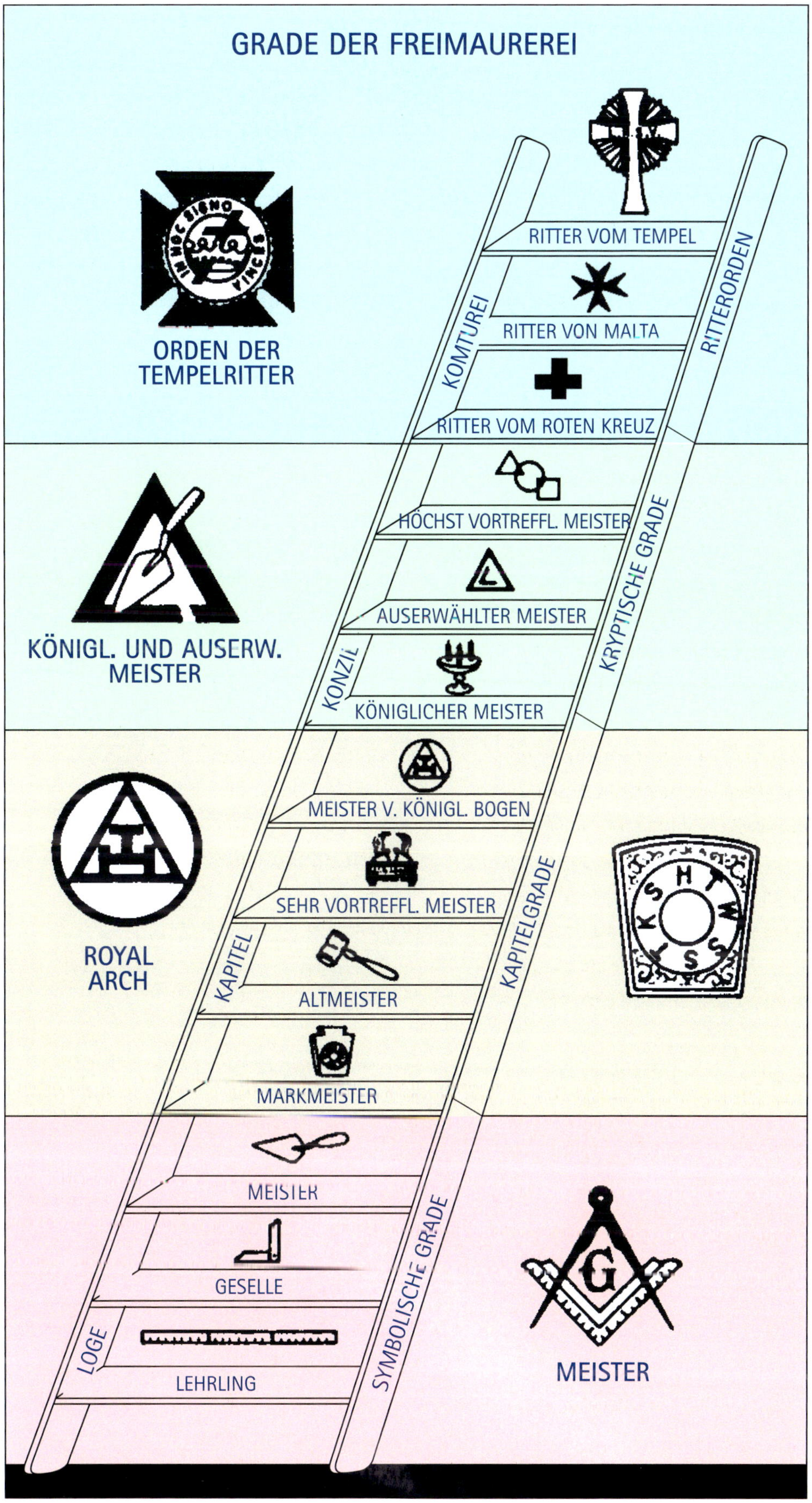

Die Grade der Freimaurerei, vom Lehrling ganz unten bis zum Templerorden ganz oben.

Irische Freimaurerabzeichen. Die Leitern stehen für den Glauben an Gott, Mildtätigkeit und die Hoffnung auf Unsterblichkeit.

SARG UND SCHÄDEL

Für antifreimaurerische Polemiker reicht die Präsenz von Sarg und Schädel im Pantheon der freimaurerischen Symbolik bereits aus, um die Behauptung zu rechtfertigen, dass die Freimaurer gottlose und sogar satanische Ziele verfolgen, die in Heidentum und im Okkulten wurzeln würden. Warum benutzen die Freimaurer ein Symbol, das, wie im Fall von Schädel und Knochen, für Tod, Gift oder Gefahr steht? Wozu brauchen sie ein Symbol der Sterblichkeit? Solche Ansichten basieren jedoch auf einem fundamentalen Missverständnis dessen, was Freimaurerei ist und welchem Sinn und Zweck ihre Rituale wirklich dienen.

Freimaurerei ist keine Religion und sie unterstützt keine Doktrin, wie antifreimaurerische Polemiken weismachen wollen. Die „Suche nach Licht" bezieht sich auf das ständige Streben des Freimaurers nach Wissen eher als nach Erlösung. Obwohl die Bruderschaft die Hoffnung auf Auferstehung unterstützt, lehrt sie diesen Glauben nicht. Das Ritual der Erhebung in den Meistergrad – wo Sarg und Schädel auftauchen – enthält Hinweise auf die „Unsterblichkeit der Seele", doch das ist rein poetisch. Wenn schon, dann lehrt die Freimaurerei, dass der Tod ein „geheimnisvoller Schleier ist, den das menschliche Auge nicht durchdringen kann", und unterstützt die Hoffnung, nicht Verheißung, auf eine Auferstehung.

PLATZ IM RITUAL

Wie viele freimaurerische Symbole, so dürften auch Sarg und Schädel erstmals im 18. Jahrhundert aufgetreten sein. Jedenfalls finden sich Särge auf den Arbeitsteppichen dieser Zeit. Sie symbolisieren den Tod (Schädel und Knochen, die man erstmals in der französischen Freimaurerei fand, weisen die doppelte Symbolik von Tod und Sterblichkeit auf). Sie dienen als Symbole bei der rituellen

Diese Illustration aus The Perfect Ceremonies of Craft Freemasonry, *1874, zeigt die Eröffnung der Loge zu Beginn der Erhebungszeremonie in den Dritten Grad, für die der Sarg wichtig ist.*

LEKTION DES MEISTERGRADES

In der Lektion zum Dritten Grad treten Sarg, Schlägel (Hammer) und Spaten auf. Der Schlägel ist ein „Sinnbild jener Unglücksfälle und Krankheiten, durch die unsere irdische Existenz beendet werden könnte". Spaten und Sarg stehen für die Sterblichkeit, über die man ernsthaft nachdenken muss. Die Lektion endet mit der Anweisung, „den grimmigen Tyrannen Tod willkommen zu heißen und ihn als freundlichen Botschafter unseres Obersten Großmeisters zu empfangen".

Darstellung der Ermordung von Hiram Abif bei der Einweihung in den Meistergrad. Darin kommen vor „der Schlägel, durch den unser Großmeister erschlagen wurde; der Spaten, mit dem sein Grab geschaufelt wurde; der Sarg, in dem seine leblosen Überreste enthalten waren; und der Akazienzweig, der auf seinem Grab blühte".

Oben: Freimaurersiegel aus dem 19. Jahrhundert; darauf sind Schädel, Knochen, Sarg und Akazie zu sehen.

Harold Waldwin Percival schreibt in *Masonry and its Symbols in the Light of ‚Thinking and Destiny'* 1952, dass der Prozess mit einer Einführung des Meisters vom Stuhl beginnt. Dann wird der Blick des Kandidaten „nach unten in die Dunkelheit eines offenen Grabes gerichtet. Darin liegt auf gekreuzten Knochen ein menschlicher Schädel". Dann erfährt der Kandidat, dass „sogar in diesem vergänglichen Rahmen ein lebendiges und unverrückbares Prinzip existiert, das heiliges Vertrauen in den Herrn des Lebens inspiriert, auf dass er uns befähigt, den Schreckenskönig unter unseren Füßen zu zertrampeln und unseren Blick zum hellen Morgenstern zu erheben, der Frieden und Stille bringt den Treuen und Gehorsamen".

Schädel und Knochen tauchten ursprünglich in der französischen Freimaurerei als Symbole von Tod und Sterblichkeit auf.

Die Lehre aus dieser Legende ist nicht die Auferstehung. Wichtig ist die Standhaftigkeit und Treue Hiram Abifs vor seinem Tod, nicht das, was nachher geschah. Das ist der Hintergrund der geheimen Erkennungszeichen und -griffe, durch die sich ein Meister identifiziert.

Ein Arbeitsteppich zum Dritten Grad hilft Initianden, die Bedeutung des Erhebungsrituals zu verstehen.

SCHWERT UND DOLCH

Im 18. Jahrhundert galten Schwerter als Teil der Alltagskleidung – zumindest für Edelmänner. Daher wundert es nicht, dass sie in freimaurerischen Ritualen, die in dieser Zeit festgelegt wurden, vorkommen. Heute ist das Tragen des Schwertes als Teil der freimaurerischen Kleidung den höheren Graden, wie etwa im Yorkritus, vorbehalten. In Blauen (=symbolischen) Logen sind sie verboten, außer in Form von Symbolen.

Als Symbol weist das Schwert eine klassische Dualität auf. In den meisten Kulturen symbolisieren Waffen Macht, doch diese Macht kann auf verschiedene Weise eingesetzt werden. Einerseits kann sie töten und zerstören, andererseits schützen, verteidigen und Ungerechtigkeit entgegentreten. Deshalb sind Schwerter symbolisch oft zweischneidig. Sie werden auch mit dem Licht verbunden. Die Kreuzritter nannten sie „Teil des Lichterkreuzes".

DAS SCHWERT DES ZIEGELDECKERS

Traditionellerweise sollte das Schwert des Ziegeldeckers eine gewellte Schneide aufweisen, weil es als Symbol des Flammenschwertes gilt, das sich der Genesis zufolge im Osten des Gartens Eden befand und den Baum des Lebens schützte. Es sollte nie in der Scheide stecken, das es die Pflicht des Ziegeldeckers ist, ständig alle „Schleicher und Lauscher" von der Loge fernzuhalten. Es erinnert auch daran, dass nichts Unwürdiges in das Heiligtum der Loge eindringen darf. Der Ziegeldecker und sein gezogenen Schwert gemahnen jeden Freimaurer, ständig wachsam zu sein gegenüber unwürdigen Gedanken und Taten und sich angesichts des Feindes stets an die Tugenden des Freimaurers zu erinnern. Das Schwert ist auch der Wächter der *Alten Pflichten.*

Ein aufwändig verziertes zeremonielles Freimaurerschwert. In der Geschichte waren Schwerter Werkzeuge der Gerechtigkeit, Aufrichtigkeit, Gleichheit und Beständigkeit. Symbolisch kommen sie in vielen freimaurerischen Zeremonien vor.

DER DOLCH IM RITUAL

Dolche spielen bei den freimaurerischen Einweihungsritualen eine besondere Rolle. Wenn ein Anwärter für den Ersten Grad bei der Loge eintrifft, findet er vor dem Tor den Wächter, der mit dem Griff seines Schwertes dreimal an die Tür klopft und um Einlass für den Kandidaten bittet. Dieser erhält nun eine Augenbinde und muss lose sitzende Hosen sowie ein weißes Hemd anziehen. Er trägt einen Pantoffel, sein linkes Bein ist bis zum Knie entblößt und die linke Seite des Hemdes ist geöffnet, so dass seine linke Brust bloßliegt. Ihm werden sämtliche Metallobjekte abgenommen. Dann wird ihm eine Galgenschlinge um den Hals gelegt und er wird, noch immer mit Augenbinde, in den Logenraum geführt. Dort wird ihm die Spitze eines Dolchs an die Brust gepresst und er einer rituellen Befragung unterzogen. Danach wird der Dolch entfernt, der Neophyt kniet nieder und man stimmt ein Gebet an. Dann wird die Zeremonie über mehrere Stadien, einschließlich dreifacher Umrundung der Loge, zu Ende geführt.

Oben: Auf dieser Freimaurermedaille ruht das Schwer der Wahrheit und Gerechtigkeit auf dem Altar, direkt unter dem Flammenden Stern.

Unten: Eine Aufnahmezeremonie in den Ersten Grad (19. Jahrhundert); dem Kandidaten wird ein Dolch an die Brust gepresst, während er befragt wird.

DIE ALTEN PFLICHTEN

Bewacht vom Schwert des Ziegeldeckers erinnert das Buch der Alten Pflichten die Freimaurer daran, „in Gedanken, Worten und Taten stets wachsam zu sein, insbesondere wenn man vor den Feinden der Freimaurerei steht, und die wahren brüderlichen Tugenden, Stille und Umsicht, im Sinn zu behalten".

GEOMETRISCHE FORMEN

Angesichts der Besessenheit der Freimaurer von den Werken des Pythagoras und des Euklid sowie von der Geometrie allgemein kann es kaum überraschen, dass es in der freimaurerischen Symbolik zahlreiche geometrische Formen gibt. Freimaurer glaubten schon immer, dass Freimaurerei und Geometrie ineinander verwoben wären und dass das Verständnis der zweiteren ein Mittel zum Verständnis der ersteren liefere. Diese Ansicht geht zumindest auf die Zeit der ältesten Dokumente zurück, wie ein Schriftstück aus dem Jahr 1583 beweist.

Viel später schrieb der freimaurerische Experte Thomas Smith Webb: „Geometrie, die erste und edelste aller Wissenschaften, ist die Basis, auf der die Freimaurerei errichtet ist. Durch die Geometrie können wir der Natur gespannt auf ihren verschlungenen Wegen bis in ihre verborgensten Nischen folgen. Durch sie entdecken wir die Kraft, Weisheit und Güte des Allmächtigen Baumeisters aller Welten und betrachten erfreut die Proportionen dieser gigantischen Maschine."

DAS RECHTECK

Eines der bedeutsamsten Elemente auf dem Arbeitsteppich ist das umschließende Rechteck, dessen Proportionen dem „goldenen Schnitt" entsprechen; es ist eines der zentralen Merkmale der Geometrie nach der Schule von Pythagoras. Einfach gesagt ist der goldene Schnitt ein simples Rechteck, dessen Proportionen eine mathematische Reihe bilden.

DAS DREIECK

In der Freimaurerei kann ein Dreieck aus den drei hebräischen Buchstaben „He" oder den drei Fünfen gebildet werden. Für dieses Symbol existieren mehrere mögliche Interpretationen. Die erste ist eine mystische:

Diese Illustration aus dem 18. Jahrhundert enthält in der Mitte eine Referenz an Pythagoras.

Seit der Antike galt das gleichseitige Dreieck als Zeichen Gottes und Symbol für die Perfektion, die nur durch das Schattental des Todes erreicht werden könnte. Deshalb zeigt die Spitze des Dreiecks nach unten. Ebenso ergibt die Summe der drei „Hes" die Zahl 15, die als heilige Zahl gilt, weil sie den Namen Gottes symbolisiert.

Die weltliche Interpretation bezieht sich auf das Individuum in seiner natürlichen Umgebung mit seinen bürgerlichen Verpflichtungen und Pflichten. Der erste Buchstabe im Dreieck repräsentiert die fünf Elemente – Erde, Luft, Wasser, Feuer und Äther. Der zweite steht für die fünf Sinne und der dritte für die moralische Verantwortung, aufgrund derer jeder Freimaurer seinen Brüdern in Zeiten der Not helfen muss. Es gibt auch drei kollektive Interpretationen in der Freimaurerei. Die erste besagt, dass die drei „Hes" die Anfangsbuchstaben der drei Hirams wären, die König Salomon bei Planung, Lieferung und Bau des Tempels halfen. Der zweiten zufolge beziehen sich die Buchstaben auf die 15 zuverlässigen Gesellen, die vom König in drei Gruppen ausgeschickt wurden, um Hiram Abif zu suchen. Die dritte Interpretation besagt, dass die Zeichen für die fünf perfekten Eingangspunkte zu den drei Graden stehen – Merkmal, Vorbereitung, Pflicht, Zeichen und Wort.

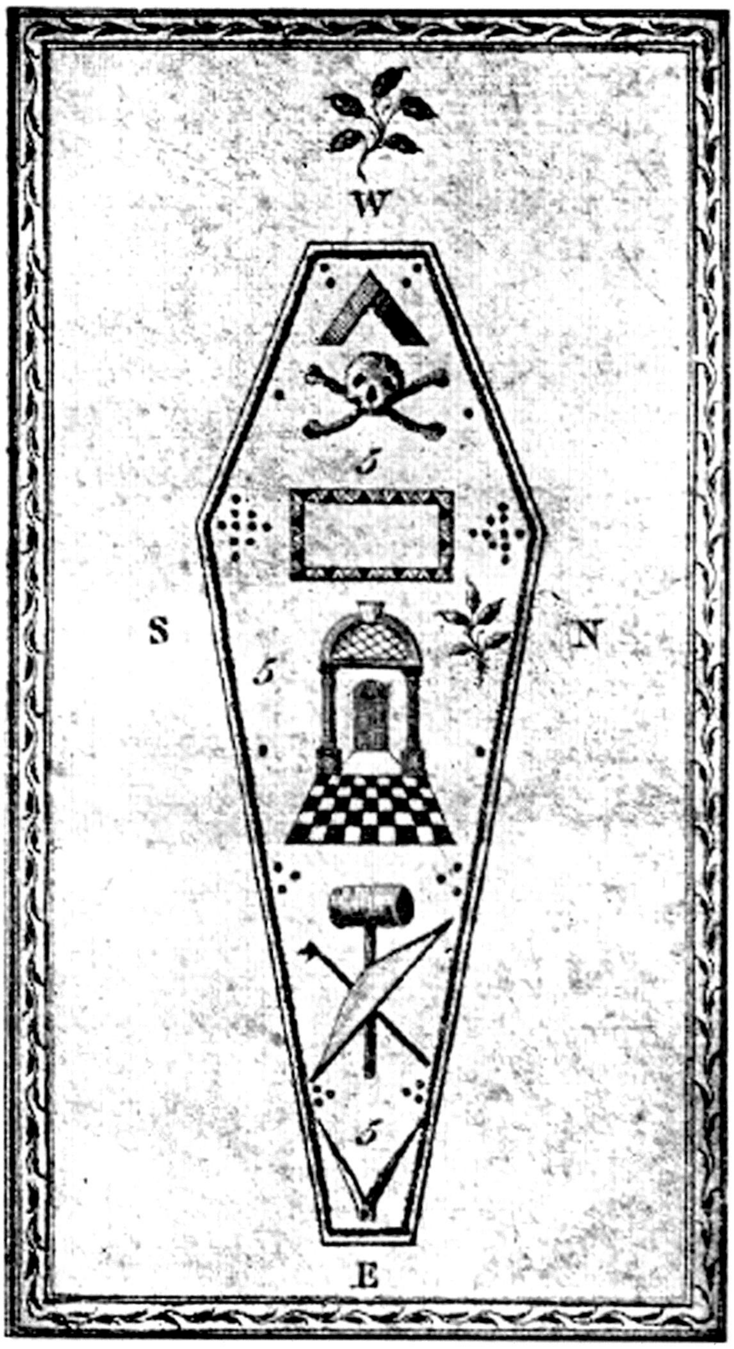

Der Arbeitsteppich zum Dritten oder Meistergrad wird von einem Rechteck umschlossen, dessen Maße dem „Goldenen Schnitt" entsprechen.

GEOMETRISCHE ZEICHEN

Es wurde vermutet, dass bei der Planung großer Bauwerke ein großes „Mutter-Diagramm" mit den Zeichen der dort beschäftigten Freimaurer gezeichnet würde – gebildet aus geometrischen Formen. Der Wiener Architekt Franz Rziha behauptete, Beweise für Freimaurerzeichen in verschiedenen Städten in Deutschland und Österreich gefunden zu haben und publizierte seine Funde Ende des 19. Jahrhunderts.

Die drei „Hes" bilden ein umgekehrtes Dreieck.Die Summe der drei ist 15, ein Symbol für den Namen Gottes. Der weltlichen Interpretation zufolge steht der erste Buchstabe an der Spitze, der zweite und der dritte folgen im Uhrzeigersinn.

Dieses Abzeichen eines Altmeisters weist Referenzen an die Lehrsätze von Pythagoras und Euklid auf.

SYMBOLISCHE STÄDTE

Ursprünglich waren die Freimaurer eine Organisation von Baumeistern, die durch ihr streng gehütetes Wissen über „die irdische und göttliche Wissenschaft" der Architektur verbunden waren. Das Wissen, wie man ein irdisches Bauwerk errichtet, würde die Weisheit verleihen, um einen spirituellen Tempel in der Seele zu bauen. Wenig überraschend, dass die Freimaurer bei Planung und Bau große Errungenschaften erzielten. Obwohl es für freimaurerische Pläne im Städtebau kaum Beweise gibt, behaupten einige, dass symbolische Formen, die durch Straßenverläufe gebildet werden, ein Beweis für ihr Wirken seien.

Wenn man der antifreimaurerischen Propaganda Glauben schenkt, so war es der größte Coup der Freimauerei, die Planung und Errichtung von Washington D. C. als Hauptstadt der unabhängigen USA zu diktieren. Doch das ist natürlich nicht wahr. Wahr ist, dass viele Stadtarchitekten im 19. und beginnenden 20. Jahrhundert Freimaurer waren.

Obwohl George Washington, der Pierre Charles L'Enfant 1791 mit dem Entwurf für die Stadt beauftragte und später den von Andrew Ellicott und Benjamin Bannaker vorgeschlagenen Stadtplan bewilligte, ein Freimaurer war, gehörte keiner dieser Architekten der Bruderschaft an.

Die Ansicht, dass hinter der Planung der Stadt eine freimaurerische Verschwörung steckte, scheint aus Michael Baignents und Richard Leighs Buch *The Temple and the Lodge* (1989) zu stammen. Darin behaupten sie, dass sich Washington und Thomas Jefferson in L'Enfants Arbeit einmischten, um zwei Achtecke rund um das Weiße Haus und das Kapitol einzuführen. Dafür gibt es keinen Beweis. Wahrscheinlicher ist, dass die Gründerväter der Stadt von André Le Nôtres Entwürfen zum Palast von Versailles und Sir Christopher Wrens nie verwirklichten Plänen für London mehr angetan waren als von der Freimaurerei. L'Enfants Pläne sahen zwei zentrale Punkte vor – das Kapitol und das Weiße Haus –, während die weiten Boulevards und die monumentale Architektur als Hommage an die „Tapferen Bürger der neuen Republik" gedacht waren.

Planung der Stadt und des Turms von Babel. Dies sollte vermutlich ein Projekt von Freimaurern sein, obwohl es dafür keine historischen Beweise gibt.

Freimaurer-Architekten. Die Spekulation, dass Freimaurer die Städte der Antike errichtet hätten, wie hier dargestellt wird, wurde in der Freimaurerei des 18. Jahrhunderts häufig angestellt.

Die Straßen der Stadt Sandusky, Ohio, wurden nach einem freimaurerischen Gesamtentwurf aus dem frühen 19. Jahrhundert so angelegt, dass sie das Abbild von Winkelmaß und Zirkel ergeben.

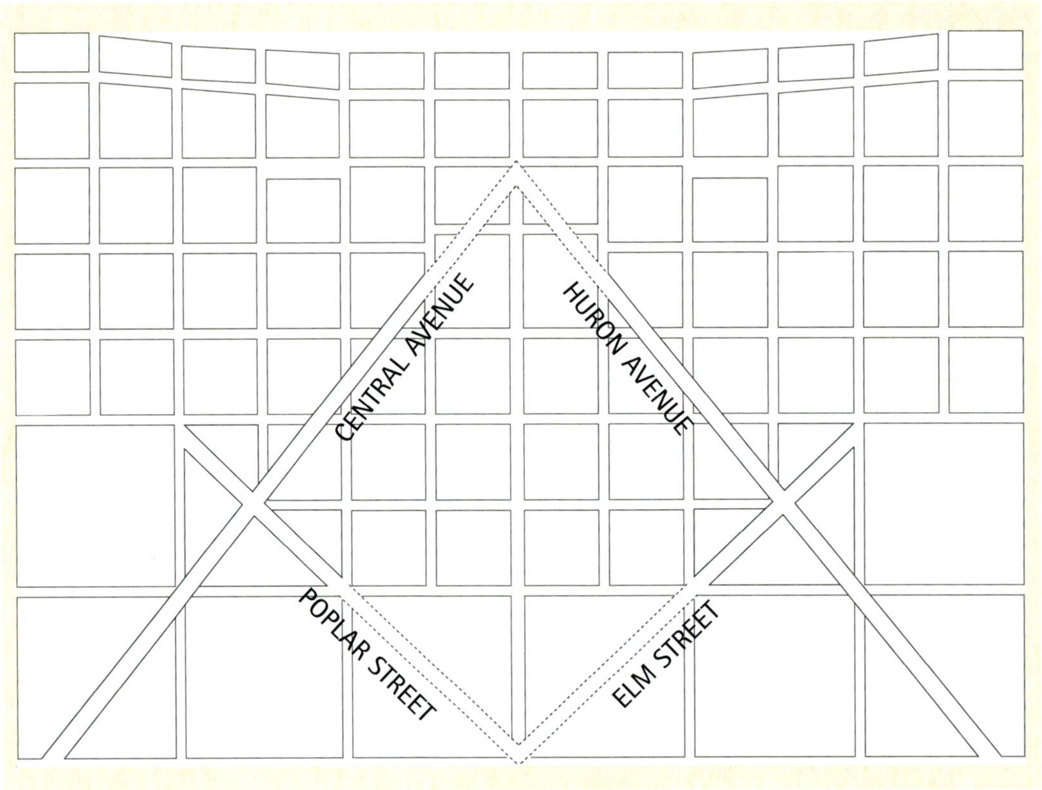

Das entscheidende Kriterium für die Positionierung der wichtigsten Gebäude war die Topografie. Massachusetts Avenue, Rhode Island Avenue, Connecticut Avenue, Vermont Avenue und K Street NW bilden tatsächlich einen fünfzackigen Stern, doch es ist viel wahrscheinlicher, dass es sich hierbei um einen Zufall handelt als um eine freimaurerische Verschwörung.

EINE FREIMAURER-STADT

Bei Sandusky, Ohio, liegt die Sache etwas anders. Dies ist, soweit bekannt ist, weltweit die einzige Stadt, die nach freimaurerischen Plänen erbaut wurde. Verantwortlich für den Entwurf aus dem Jahr 1818 war Hector Kilbourne, der erste Meister vom Stuhl der Science Lodge No. 50. Er bemühte sich nach Kräften, dass die Straßen das Bild von Winkel und Zirkel ergaben. Tatsächlich wurde sein Stadtplan mit dem Bild einer aufgeschlagenen Bibel verglichen, auf der Winkel und Kompass so lägen, wie sie bei der Eröffnung eines Logenabends liegen würden. Einige Straßen sind nach Staatsmännern und anderen berühmten Bürgern des Landes aus der Geschichte der Vereinigten Staaten benannt.

DER TURM VON BABEL

Dem Buch Genesis zufolge verfielen die Nachkommen Noahs auf die Idee, einen gewaltigen Turm oder Zikkurat zu bauen, „dessen Spitze bis an den Himmel reicht". Damit wollten sie „ihren Namen berühmt machen", doch Gott verwirrte ihre Sprache und der Turmbau wurde abgebrochen.

BUCH, BIENE UND BIENENSTOCK

Das geöffnete Buch ist ein relativ junges Phänomen in der Freimaurerei. Während Bienen und Bienenstock viel älteren Ursprungs sind, ist das Buch Teil der Symbolik rund um die zerbrochenen Säulen, die den meisten Freimaurer-Experten zufolge zum ersten Mal 1819 in *True Masonic Chart* auftrat, zusammengestellt vom amerikanischen Freimaurer Jeremy Cross.

ZERBROCHENE SÄULE, OFFENES BUCH

Die zerbrochene Säule wurde eingeführt, als Jeremy Cross meinte oder spürte, dass es den Ritualen zum Dritten Grad an etwas mangelte, und es ergänzen wollte. Die Idee, womit er die Lücke füllen könnte, hatte er, als ein Freund sagte, dass man zum Gedenken an große Männer für gewöhnlich nach deren Tod ein Denkmal errichten würde. Cross akzeptierte den Vorschlag und richtete sich nach einem Monument, das für den großen amerikanischen Marinehelden Commodore Lawrence im Trinity Churchyard, New York, nach dessen Tod im Kampf mit den Briten 1813 errichtet worden war. Cross entschied, dass ein offenes Buch, in dem über das Leben Hiram Abifs berichtet würde, auf einer Säule liegen und eine trauernde Jungfrau, das Symbol der Unschuld, darin lesen sollte. Die zerbrochene Säule soll auch für den vorzeitigen Tod Hiram Abifs und Salomons unvollendeten Tempel stehen.

Einfall und Wissen gingen jedoch nicht Hand in Hand. Nicht nur, dass es zur Zeit des Tempelbaus noch keine Bücher gab – zumindest nicht solche, wie wir sie kennen –, es gibt auch keinen schriftlichen Bericht darüber, ob Hiram eine Frau, Tochter oder andere weibliche Verwandte außer seiner Mutter hatte – in der Bibel wird er als „Sohn einer Witwe" bezeichnet. Trotzdem glauben die Freimaurer, dass dem Symbol ein Platz in ihren Überlieferungen gebührt, auch wenn es mehr auf Romantik als auf historischen Fakten beruht.

Das Buch soll offen auf den zerbrochenen Säulen liegen, so dass Hiram Abifs Tugenden ständig nachgelesen werden können.

Zerbrochene Säule, neben der Vater Zeit die weinende Jungfrau tröstet. Sie hält einen Akazienzweig als Zeichen der Hoffnung.

BIENEN UND BIENEN-STOCK

Als sie Teil der Freimaurerei wurden, wiesen Bienen und Bienenstock eine ältere Herkunft auf, da sie bereits in der ägyptischen, römischen und christlichen Symbolik vorgekommen waren. Sie wurden im 18. Jahrhundert als Symbol für Fleiß eingeführt; Bienen und Bienenstöcke symbolisieren außerdem Weisheit, Gehorsam und Regeneration.

Bienen kehren zu ihrem Stock zurück. In der Freimaurerei ist die Biene ein Symbol für Fleiß, Gehorsam und Wiedergeburt. Sie ist ein Sinnbild für organisierten Fleiß, eine Tugend, die auch gelehrt wird.

Seitdem tauchen sie häufig in freimaurerischen Darstellungen auf. Laut Albert G. Mackeys *Encyclopaedia of Freemasonry* besteht der Grund, warum ein Freimaurer „zur Biene gehen und von ihr lernen sollte, wie emsig sie ist und welch edles Werk sie vollbringt", darin, dass sie, „auch wenn sie schwach ist, durch ihre Weisheit überlebt".

In *True Masonic Chart* ist der Bienenstock nicht nur „ein Sinnbild des Fleißes", sondern er „lehrt uns, dass wir, da wir als rationale und intelligente Wesen auf die Welt kommen, stets emsig sein und nie stillsitzen sollten, wenn unsere Mitmenschen in Not sind, so lange es in unserer Macht steht, ihnen ohne Unannehmlichkeiten für uns selbst zu helfen". Hier besteht eine Parallele zu den Anweisungen, die der Meister als Teil seines Einweihungsrituals erhält. Diese Instruktionen besagen, dass ein Meister „arbeitet, um Lohn zu erhalten, damit er sich selbst und seine Familie ernähren und zur Unterstützung eines Bruders in Not, seiner Witwe und seiner Waisen beitragen kann".

BIENENSTOCK UND SYMBOLIK

Der Bienenstock hatte bereits in der ägyptischen, römischen und christlichen Symbolik einen Platz. Als freimaurerisches Symbol lehrt er uns, dass „Fleiß eine Tugend ist, die alle lebendigen Wesen praktizieren sollten, vom höchsten Seraph bis zum niedersten Reptil im Staub".

LEBEN, ZEIT UND GERECHTIGKEIT

Sowohl die Sanduhr als auch die Sense sind Symbole, die vor allem in den USA im Einweihungsritual zum Meistergrad vorkommen. Erstere ist ein Sinnbild des menschlichen Lebens, Zweitere ein Symbol für die Zeit, die „den zerbrechlichen Lebensfaden zerschneidet und uns in die Ewigkeit befördert". Zusammen stehen sie für die Aufforderung, die Zeit nutzbringend im Dienste Gottes zu verbringen. Die Waage symbolisiert Gerechtigkeit. Sie wird bei der Aufnahme in den Ersten Grad eingeführt. Mäßigung, Tapferkeit, Besonnenheit und Gerechtigkeit bilden die vier Kardinaltugenden.

DIE SANDUHR

Sie wurde vielleicht als Symbol für das Leben gewählt, weil sie stets Begrenztheit anzeigt. Zeit ist die einzige Ressource, so sagt die freimaurerische Logik, die allen Menschen gleichermaßen zur Verfügung steht. Dies kann man zu fruchtbringenden Zwecken einsetzen oder vergeuden. Die Sandkörner fließen langsam, aber beständig durch und bevor wir uns versehen, ist die Zeit abgelaufen. Die Lektion lautet, dass man die Zeit weise nützen muss, denn vergeudete Zeit ist verlorene Zeit.

DIE SENSE

Sie erinnert uns an die Unausweichlichkeit des Todes. Da niemand vorhersagen kann, wann es sein wird, müssen wir durch Dienst an Gott und unseren Mitmenschen auf das Ableben vorbereitet sein. Die Sense steht aber auch für die Unsterblichkeit der menschlichen Seele. Unausgesprochen wird vorausgesetzt, dass der Lohn dafür, wenn man die Zeit weise nützt, um Wissen und Verständnis zu erwerben und zum Wohle Gottes und der Menschheit einzusetzen, groß und ewig sein wird.

DIE WAAGE

Gerechtigkeit ist eine der Kardinaltugenden. Alle Freimaurer haben die Pflicht, bei all ihren Taten eine aufrechte Haltung einzunehmen. Das beudeutet, stets gerecht in den Augen ihrer freimaurerischen Brüder und der Welt zu handeln. Dies ist der einzige Eckstein – ein weiteres mächtiges Freimaurersymbol –, auf dem ein „Bauwerk, ebenso ehrenhaft zu sich selbst wie zur Bruderschaft", erbaut werden kann. Das wird bei der Aufnahme in den Ersten Grad dargestellt, wenn der Kandidat instruiert wird, seine Füße fest auf dem Boden zu belassen und seinen Körper aufrecht.

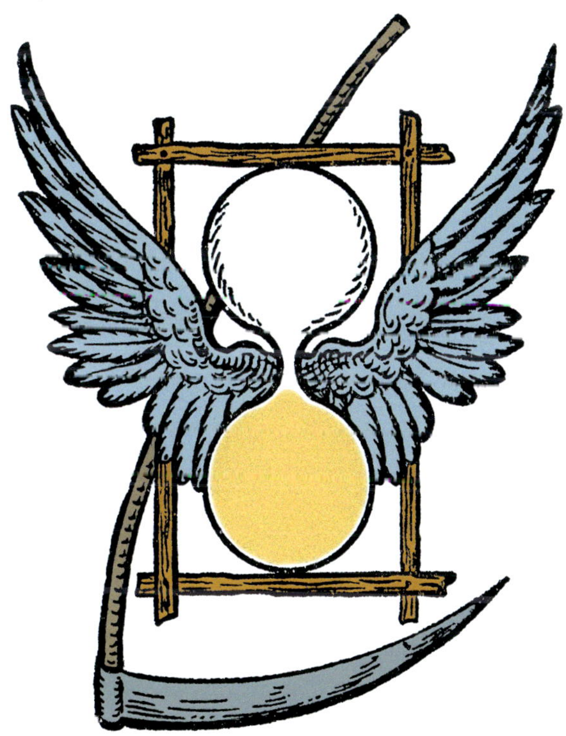

Die Sanduhr symbolisiert das Leben des Menschen und seine Kürze, die Sense steht für Zeit und Unsterblichkeit. Die Botschaft ist klar: das Beste aus der Zeit zu machen, die uns zur Verfügung steht.

DIE ANDEREN KARDINALTUGENDEN

Die drei anderen Tugenden sind klar definiert. Mäßigung bedeutet, niemals im Überschwang die Geheimnisse zu verraten, die einem Initianden anvertraut werden – oder, wie es im Ritual etwas altmodisch heißt, „in den sorglosen Stunden des Genusses". Tapferkeit heißt, dass wir alle Übel mit „geziemendem Verzicht" tragen müssen. Sie lehrt den Kandidaten auch, „die unverbrüchliche Treue, die er dem in ihn gesetzten Vertrauen schuldet, weder durch Gefahren noch Schmerzen aufweichen zu lassen". Die vierte Tugend der Freimaurerei, Besonnenheit, soll „der wahre Leitfaden zum Verständnis zwischen den Menschen" sein. Im amerikanischen Ritus – der englische ist etwas anders – besteht sie darin, „mit Anstand zu beurteilen und zu entscheiden, was gesagt oder getan werden muss, welche Gefahren wir meiden und wie wir mit unseren Schwierigkeiten umgehen müssen".

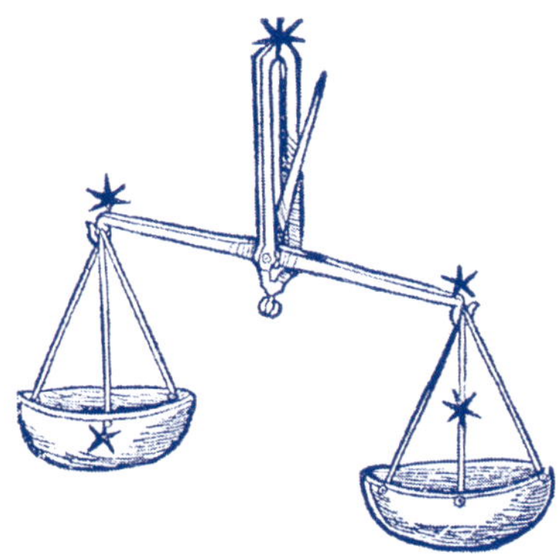

Oben links: Die entscheidende Phase einer Lehrlingsinitiation, wenn die Augenbinde abgenommen wird und er fest auf dem Boden steht.

Rechts: Als Symbol der Gerechtigkeit kommt die Waage zusammen mit den anderen Kardinaltugenden beim Aufnahmeritual für Lehrlinge vor.

URSPRUNG DER TUGENDEN

Vor 1750 werden die Kardinaltugenden in keinem freimaurerischen Manuskript oder Ritual erwähnt. Am wahrscheinlichsten ist, dass die Idee von der christlichen Kirche übernommen wurde, die diese Auffassung wiederum aus den Lehren des griechischen Philosophen Plato entwickelte. Auch die drei theologischen Tugenden – Glaube, Hoffnung, Mildtätigkeit – entlieh die Freimaurerei von den Christen. Sie alle sind Teil der Stufen ihrer Version der Jakobsleiter.

GETREIDE UND PFLANZEN

In der Freimaurerei stehen Korn, Wein und Olivenöl symbolisch für Ernährung, Stärkung und Freude. Sie lehren den Freimaurer wichtige Lektionen: stets bereit zu sein, „die Bedürftigen zu nähren, die Erschöpften zu stärken und das Öl der Freude in die Herzen der Geplagten zu gießen". König Salomon gab den Erbauern seines Tempels Korn, Wein und Öl als Lohn für ihre Arbeit, daher erhält ein Freimaurer bei der Beförderung zum Gesellen denselben „Lohn". Auch Pflanzen spielen in der Symbolik eine große Rolle, vor allem die Akazie.

DIE SYMBOLIK DES GETREIDES

Die Verwendung von Getreide (Weizen) als religiöses Symbol geht zumindest auf die Zeit der antiken Griechen zurück, bei denen es als Zeichen der Göttin Demeter galt. Bei den Festen, die ihr zu Ehren abgehalten wurden, waren Priester und Anbeter mit Ähren gekrönt. Dies symbolisierte die Fruchtbarkeit der Erde, die die Menschheit mit Brot versorgte. Daher war Getreide ein Sinnbild für Überfluss und Fruchtbarkeit. Wein galt als Symbol des griechischen Gottes Dionysos, während das Olivenöl ein Geschenk von Athene, der Göttin der Weisheit, an die Griechen war und daher für spirituelle Erleuchtung und Frieden stand.

Im Alten Testament besaßen diese drei Dinge eine ähnliche Bedeutung, während sich Getreide und Wein in der christlichen Lithurgie in Form der Kommunion wiederfinden – Brot und Wein symbolisieren Leib und Blut Christi.

Korn wurde schon lange mit Freimaurerei assoziiert. In Verbindung mit Wein und Öl spielt Getreide eine wichtige Rolle bei der Eröffnung, Einweihung und Konstituierung einer neuen Loge.

Das Öl ist ein Symbol für die Taufe. In der Freimaurerei ist das Getreide der Lohn, den der Bruder für seine Arbeit an sich selbst und am Tempel erhält; der Wein ist sein Lohn für die Entdeckung von verborgenem Wissen und das Öl dient ihm zum Gedenken an die spirituelle Erleuchtung, die ihm zuteil geworden ist.

EINE HEILIGE PFLANZE

Wie bei Getreide, Wein und Olivenöl stammt die Bedeutung der Akazie als religiöses Symbol bereits aus uralten Zeiten.

Auf diesen Freimaurerabzeichen von Logen in Genf (oben) und Hamburg (unten) sieht man Pflanzensymbole.

In der Bibel wurde sie als *shittim* bezeichnet und als heiliges Holz verehrt, aus dem die Bundeslade gezimmert war. Sie steht in der Freimaurerei für die Unsterblichkeit der Seele. Daher spielt sie bei der Nacherzählung der Ermordung von Hiram Abif im Erhebungsritual zum Dritten Grad sowie bei Freimaurer-Bestattungen eine Rolle (obwohl sie bei den letzteren Anlässen häufig durch die Zypern-Zeder ersetzt wird). Die Akazie repräsentiert auch Unschuld und Initiation.

PFLANZEN, VÖGEL UND TIERE

Logen in aller Welt tragen Namen, die mit Pflanzen, Vögeln oder Tieren zu tun haben – Eiche, Walnuss, Arboretum, Bienenstock, Löwe und Schwan sind nur einige wenige Beispiele. Diese Taube mit dem Olivenzweig ist das Zeichen eines der drei Logenbeamten – des Großschaffners von England. Der Vogel symbolisiert einen Boten, der Olivenzweig steht für Reinheit, Friede und Unschuld. Die Symbolik stammt aus der Genesis, wo erzählt wird, dass nach der Sintflut eine Taube von der Arche Noah ausgeschickt wurde, die mit einem Olivenzweig zurückkehrte.

In ersterem Fall stammt die Symbolik nicht aus einer realen Analogie, sondern von der griechischen Bedeutung des Wortes: „unschuldig" oder „frei von Sünde". Was die Initiation betrifft, so ist die Akazie die freimaurerische Entsprechung für Salat, Lotus, Erika, Efeu und Mistel – alles heilige Symbole in den antiken Mysterien. Salat war zum Beispiel die heilige Pflanze der Adonis-Mysterien; der Lotus stammt aus den brahmanischen Riten Indiens; Misteln, Myrte und Erika wurden von Druiden und den antiken Ägyptern verehrt.

Oben: Tischler zimmern die Bundeslade. Sie verwendeten dazu „shittim", hebräisch für Akazie, die selbst ein bedeutsames freimaurerisches Symbol darstellt.

Unten: Der Kragen, den die Großlogenbeamten in der Großloge von England tragen, weist Getreideähren auf.

KLEINODIEN UND BIJOUX

Der Brauch, Kleinodien oder Abzeichen zu tragen, breitete sich erst aus, als die Premier Grand Lodge beschloss, dass alle Meister und Aufseher welche tragen sollten, und zwar an einem Band um ihren Hals. Historikern zufolge trugen Freimaurerbeamte in den Anfangstagen der symbolischen Freimaurerei keine Abzeichen. Das Bijou des Meisters ist der Winkel, der Erste Aufseher trägt das Richtscheit und der Zweite Aufseher das Senkblei. Der Schatzmeister trägt den Schlüssel oder gekreuzte Schlüssel als Abzeichen – ein Symbol der Macht und Autorität, wie es schon in den Logen der Antike gebräuchlich war.

Heutzutage besitzen alle Logenbeamten ihre eigenen Abzeichen, meist aus Silber oder versilbert. Der Sekretär trägt zum Beispiel gekreuzte Federkiele, der Zweite und der Erste Ordner tragen Winkel und Zirkel mit Sonne bzw. Mondsichel. Der Schaffner hat als Bijou das Füllhorn, der Kaplan die offene Bibel, der Ziegeldecker das Schwert, der Marshall gekreuzte Stäbe oder einen Stab. Schlüssel kommen im Ritual zum Königlichen Bogen sowie zum Geheimen Meister im Vierten Grad des Schottischen Ritus vor. Bei diesen Zeremonien stellt der Schlüssel ein Symbol für Geheimhaltung dar. Er soll daran erinnern, dass die Geheimnisse der Freimaurer verschlossen und im Herzen verborgen bleiben müssen.

Die gekreuzten Schwerter gehören zum Bijou des Ziegeldeckers, der Eindringlinge fernhält, während der Logenabend im Gange ist.

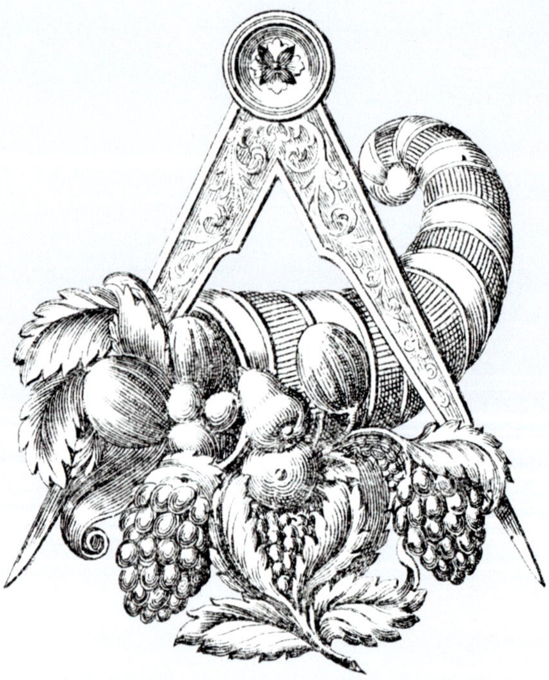

Das Bijou des Schaffners, der für Speisen, Trank und Unterhaltung verantwortlich ist, weist ein Füllhorn auf.

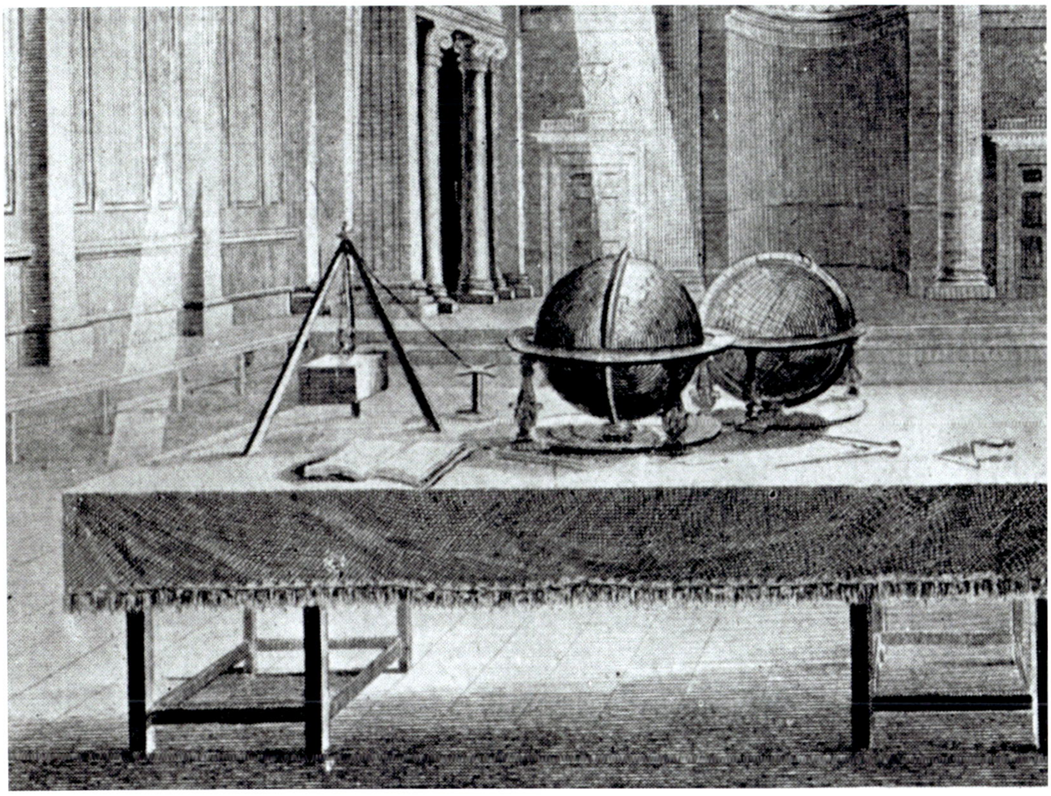

In den meisten Logen hängt der Behauene Stein – eines der Kleinodien einer Loge – an einem Dreifuß, sodass ihn bei Treffen und Ritualen alle gut sehen können.

Der Sekretär der Loge trägt auf seinem Beamtenbijou zwei gekreuzte Federkiele, ein passendes Symbol.

Das Abzeichen des Kaplans besteht aus dem Flammenden Stern, einem Dreieck und der Bibel.

KLEINODIEN DER LOGE

Wenn es um die Loge geht, bedeutet der englische Begriff „jewels" nicht Beamtenabzeichen, sondern „Kleinodien" der Loge, was für Außenstehende vielleicht etwas verwirrend sein mag. Doch es gibt einen Zusammenhang zwischen den beiden.

In der englischen Freimaurerei trägt der Schatzmeister der Loge den Schlüssel (oder gekreuzte Schlüssel) als Beamtenabzeichen.

Es gibt zwei Arten von Kleinodien der Loge – die beweglichen und die unbeweglichen. Zu den unbeweglichen gehören in englischen und schottischen Logen das Reißbrett, der raue und der behauene Stein. In der nordamerikanischen Freimaurerei ist die Sache umgekehrt, hier gehören die Steine und das Reißbrett zu den beweglichen Kleinodien. In den meisten Logen wird der behauene Stein auf einem Dreifuß so aufgestellt, dass er von allen in der Loge gesehen werden kann. Wenn die Loge eröffnet wird, wird der Stein manuell mit einer Seilwinde gehoben. Dies gilt als Symbol der Würde der Arbeit. Er verweist auch auf die Bedeutung der Arbeit für den Geist.

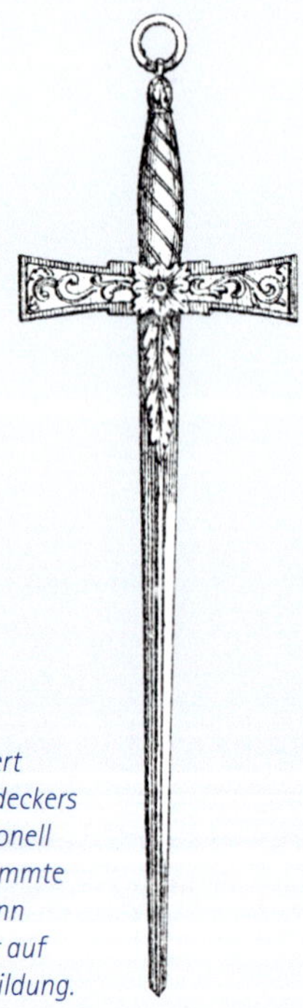

Das Schwert des Ziegeldeckers hat traditionell eine gekrümmte Klinge, wenn auch nicht auf dieser Abbildung.

In englischen und schottischen Logen gehören Winkelmaß, Richtscheit und Senkblei zu den beweglichen Kleinodien, in nordamerikanischen zu den unbeweglichen. Das Winkelmaß steht für Sittlichkeit und Gerechtigkeit und ist daher Teil des Abzeichens des Meisters vom Stuhl, denn dieser ist dafür verantwortlich, dass sich alle Mitglieder der Loge anständig und gerecht verhalten. Das Richtscheit (Wasserwaage) als Symbol der Gleichheit ist ein Synonym für die Pflichten des Ersten Aufsehers, der darauf achten muss, dass alle Mitglieder fair behandelt werden und sich gegenseitig auch fair behandeln. Das Senkblei, das für Aufrichtigkeit und Integrität steht, passt zum Zweiten Aufseher, der sicherstellt, dass sich die Mitglieder entsprechend diesen Idealen verhalten.

DAS PENTAGRAMM

Die freimaurerische Bedeutung des Pentagramms ist kontroversiell. Auf freimaurerischen Insignien und Illustrationen ist es zwar häufig zu sehen, doch wird es weder in Ritualen noch in Lektionen erwähnt. Es hat daher rein dekorativen Wert und jede ihm zugeschriebene Symbolik ist bloss eine persönliche Meinung. Wenn freimaurerische Autoren meinen, dass „das Pentagramm für Freimaurer im Mittelalter ein Symbol tiefer Weisheit" war, so ist das Spekulation, nicht Wahrheit. Ebenso hat die Tatsache, dass das Pentagramm bei den Pythagoräern für Gesundheit und Wissen stand, in der Freimaurerei keine Entsprechung.

Wir wissen heute über das Pentagramm, dass es vermutlich bereits in einer Zeit vor historischen Aufzeichnungen als Symbol für eine Stadt in Mesopotamien diente und später zum Symbol für Gesundheit und den Himmel wurde, dann ein frühes christliches Symbol eines abstrahierten Christus und ein mittelalterlicher Talisman gegen das Böse. In der Hermetik wurde es zum allegorischen Sinnbild der Beziehung zwischen Mensch und Kosmos. In christlichem Kontext sah man es als Alpha and Omega, als ein Symbol für Christus, und als Zeichen für die fünf Wundmale Christi.

Es ist besonders wichtig, dies alles hier klarzustellen, weil antifreimaurerische Polemiken seit Jahren versuchen, den Freimaurern durch die vermeintliche Bedeutung des Pentagramms eine Verbindung zu okkulten Praktiken, Heidentum und sogar Satanismus zu unterstellen. Die Transformation des Pentagramms von einem Symbol des Guten, das gegen das Übel schützt, zu einem Sinnbild des Bösen hat viele Ursachen. Vor allem wurden vermutlich die Kräuterkundler, die das Pentagramm als Symbol für ihre primitiven Heilpraktiken übernahmen, von den Unwissenden fälschlicherweise für Hexen(-meister) gehalten.

Oben: Eine Medaille zum Gedenken an die Hundertjahrfeier der Grand Master's Lodge weist auf dem Salomontempel im Hintergrund ein Pentagramm auf.

Links: Diese alternative Version des Abzeichens zum Königlichen Bogen zeigt als zentrales Symbol den sechszackigen Stern.

Oben: Der magische Kreis des Agrippa basiert auf einem sechszackigen Stern, der sich auch auf Freimaurerabzeichen findet.

Rechts: Der Winkel und der Zirkel mit einem fünfzackigen Stern im Zentrum. Er könnte sich vom Stern des Hermes herleiten, der den Reisenden auf dem Pfad zur Erleuchtung das Licht brachte.

Gegenüber: Diese französische Darstellung aus dem 17. Jahrhundert ist vielleicht ein Vorläufer des Abzeichens zum Königlichen Bogen.

FREIMAUREREI UND PENTAGRAMM

Trotz unzähliger Versuche, eine Verbindung nachzuweisen, gibt es keinen Zusammenhang zwischen dem Flammenden Stern der Freimaurer und dem Pentagramm. Auf frühen Arbeitsteppichen weist der Stern 16 oder 15 Zacken auf, nicht die fünf eines Pentagramms. Bisher schlugen auch alle Bestrebungen fehl, die freimaurerische Verehrung für Pythagoras dazu zu benutzen, einen Zusammenhang zwischen freimaurerischen Initiationsriten und dem Pentagramm als pythagoräischem Symbol der Initiation zu konstruieren. Ebenso scheiterten auch alle Versuche, eine solche Verbindung in Anekdoten zu finden.

Es gibt viele Beispiele dafür, dass Pentagramme bzw. fünfzackige Sterne zu jener Zeit, als in Europa die großen Kathedralen erbaut wurden, als Steinmetzzeichen verwendet wurden, doch es gibt keinen Beweis dafür, dass sie bei der Entstehung der Bruderschaft in den Tagen des Werkmaurertums eine Rolle gespielt haben. Wenn dem so gewesen wäre, würde sich in den alten Manuskripten wenigstens irgendeine Erwähnung finden. Und auch wenn das Pentagramm als Darstellung des goldenen Schnitts interpretiert werden kann – der für die Freimaurerei überaus große Bedeutung besitzt –, bleibt strittig, ob die frühen Freimaurer an eine Interpretation dieser Art überhaupt gedacht haben.

EIN SYMBOL DER WEISHEIT

Laut Albert G. Mackey hielten die mittelalterlichen Freimaurer das Pentagramm für ein Symbol tiefer Weisheit. Die erste Erwähnung findet sich in der Legende von Sir Gawain und dem Grünen Ritter, in der Gawain einen „glänzend roten" Schild trug, auf dem „das Pentakel in purem Gold abgebildet war". Es stand für die fünf Wundmale Christi und die fünf Tugenden Großzügigkeit, Bruderschaft, Reinheit, Höflichkeit und Gnade.

Vigilantia
prudentia
CAROLVS LORMEVS. ORACVLVM SOLERS.
Fidelitas.
custodiu

DER SCHURZ

Eines der sichtbarsten Zeichen der Freimaurer ist der Schurz aus Lammfell oder weißem Leder – „älter als das Goldene Vlies oder der römische Adler, ehrwürdiger als der Stern im Hosenbandorden oder jeder andere Orden, der heute oder in Zukunft verliehen werden kann" – wie der Wortlaut des Verleihungsrituals besagt. Er ist das ewige Symbol der Zugehörigkeit zu den Freimaurern. Was auch immer ein Freimaurer tut und wo immer er auch hingeht, erinnert ihn sein Schurz an seine Pflichten als Freimaurer. Er gemahnt ihn auch an seine Verpflichtung gegenüber Gott, seinem Land, seinen Nachbarn und seiner Familie.

Die Ursprünge des Maurerschurzes und sein anfängliches Aussehen sind kaum bekannt. Manche datieren seine Wurzeln bis zur Tracht der Priester im antiken Ägypten, doch die meisten sind der Ansicht, dass der Lederschurz der Werkmaurer zusammen mit den Werkzeugen und anderen Symbolen Einzug in die symbolische Freimaurerei gefunden hat. Gemeinsam mit den Ritualen entwickelte er sich zu dem, was er heute darstellt: ein prominentes Freimaurersymbol.

SYMBOLE UND DEKORATION

Laut W. Kirk MacNulty in *Freemasonry – A Journey through Ritual and Symbol* (1991) war „der Freimaurerschurz ein unbeschnittenes weißes Lammfell, das man um die Taille trug. Dieses Lammfell ist, so behaupten die Freimaurer, ein Zeichen der Unschuld und Reinheit".

Dieser Schurz aus dem 19. Jahrhundert enthält zahlreiche Symbole: den Salomontempel, die Pyramiden, die Libanonzedern, die Säulen des Enoch, das musivische Pflaster und verschiedene Werkzeuge.

Diese Behauptung wurde im Lauf des 18. Jahrhunderts aufgestellt, vermutlich etwa zu der Zeit, als man begann, die Schurze mit Symbolen zu schmücken. Symbole sind wichtige Elemente der Freimaurerei. Zu den beliebtesten zählen das Allsehende Auge, die Säulen, das Winkelmaß und der Zirkel. Der Schurz, der zuerst bis zum Boden reichte, wurde kleiner; später wurden Borten und andere Formen der Verzierung eingeführt – ursprünglich, um eine klare Unterscheidung zwischen dem einfachen Schurz eines Lehrlings und dem eines Gesellen oder gar eines Meistermaurers zu gewährleisten.

Präsident George Washington war den Großteil seines Lebens engagierter Freimaurer.

Dieser Schurz mit dem gestickten Dreieck entstand 1772. Er steht für Unschuld und kennzeichnet einen Freimaurer.

Großmeisterschurz aus weißem Lammfell, dem Symbol der Reinheit, mit Gold. Die Sonne im Zentrum, je sieben Kornähren in den Ecken.

DER SCHURZ ALS AMTSZEICHEN

Als Amtszeichen bedeutet der Schurz „Mitglied der Bruderschaft" und muss in der Loge stets getragen werden. Er stellt das „Band der Freundschaft" dar und ist daher ein Symbol der brüderlichen Tugenden. Er ist auch das „Zeichen der Unschuld". Er „bezeugt das ehrenwerte Alter der Bruderschaft". Im Dritten Grad stellt er ein Zeichen der Autorität dar, das dem Meister das Recht gibt, die Rangniedrigeren zu unterrichten.

Einige Freimaurer haben versucht, die Bedeutung jedes einzelnen Elements des Schurzes bis ins kleinste Detail herauszufinden. Sie behaupten sogar, dass die Form des Schurzes und die Position der überhängenden Lasche symbolische Bedeutung haben. Solche Spekulationen entbehren jedoch jeder Grundlage. Das gleiche gilt für die Versuche, aus dem Haken und der Schließe bedeutsame Symbole zu machen. Auch die Ursprünge der Quasten und der sieben Ketten liegen im Dunkel. Andere Dekorationen können symbolische Bedeutung haben, doch diese herauszufinden ist unmöglich.

DAS TRAGEN DES SCHURZES

Der Freimaurerschurz wird bei jeder „Tempelarbeit" einer der drei Grade getragen sowie bei so genannten „festgelegten Zusammenkünften". Außerdem trägt man ihn bei öffentlichen Anlässen, etwa der offenen Einführung von Logenbeamten, bei Familienabenden, Vater-Sohn-Abenden und so weiter ebenso wie bei der Einweihung von Gebäuden durch die Großloge und dem Setzen von Ecksteinen. Angelegt wird der Schurz auch, wenn sich die Loge versammelt, um einen verstorbenen Bruder zu bestatten.

ARBEITSTEPPICHE

Die Ende des 18. Jahrhunderts als Arbeitsbehelf in der Freimaurerei eingeführten Arbeitsteppiche unterstützen Kandidaten dabei, die komplexe Symbolik zu verstehen, die zu den Einweihungsritualen zu den drei Graden gehört. Ihre Wurzeln können bis zu jenen Tagen zurückverfolgt werden, als es üblich war, dass der Logenmeister Entwürfe mit Kreide auf den Boden zeichnete, um seine Ausführungen vor seinen Brüdern zu illustrieren. Dann kamen Bodentücher und schließlich, als die Logen immobile Besitztümer anzuhäufen begannen, kamen Arbeitsteppiche auf.

Für jeden Grad gibt es einen eigenen Arbeitsteppich bzw. eine Arbeitstafel. Jeder weist aufwändige Darstellungen sowie zentrale Symbole des entsprechenden Grades auf, die der Meister vom Stuhl erläutert. Laut W. Kirk MacNultys *Freemasonry – A Journey through Ritual and Symbol* zeigt der Arbeitsteppich zum Ersten Grad „eine allgemeine metaphysische Übersicht der westlichen Welt" und den Platz des Individuums darin. Die Tafel zum Zweiten Grad ist eine symbolische, etwas detailliertere Darstellung des Individuums, während die Tafel zum Dritten Grad „auf einen Prozess anspielt, durch den das Individuum ein reicheres inneres Potenzial erkennen kann".

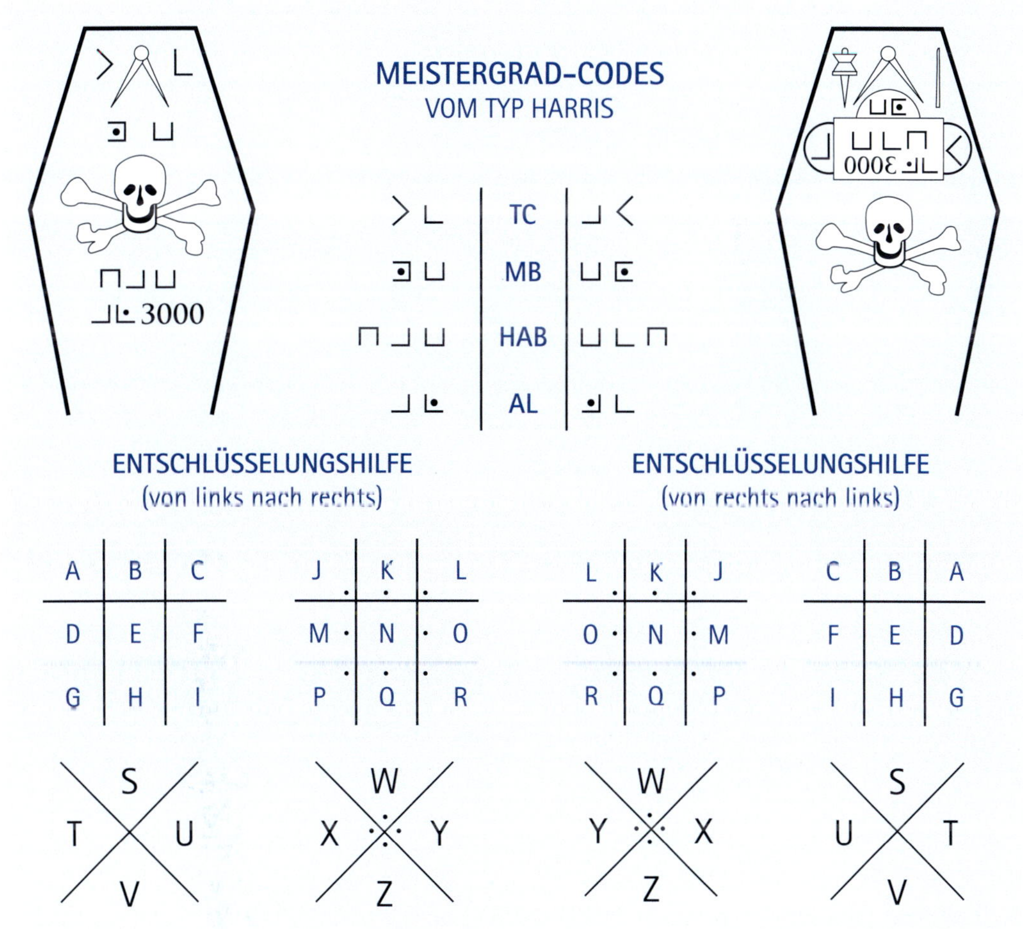

Verschlüsselte Inschriften auf Teppichen vom Typ Harris. Mit ihrer Hilfe sollen Freimaurer lernen, die geheimen Teile der Rituale zu entschlüsseln.

Oben links: Arbeitsteppich zum Ersten Grad mit Leiter und drei Säulen. Er beschreibt den Platz des Individuums in einem größeren Kontext.

Oben Mitte: Die Arbeitstafel zum Zweiten Grad zeigt König Salomons Tempel, in dem das Individuum eine Wendeltreppe hinaufsteigen kann, die in das Innere führt.

Oben rechts: Auf dem Arbeitsteppich zum Dritten Grad sieht man einen Sarg, der eine Analogie zum Tod darstellt, durch den der Einzelne sein eigenes Leben transzendiert und höhere Dinge erreicht.

DREI TEPPICHE, DREI GRADE

Im Ritual zum Lehrlingsgrad ist der Teppich von einem schwarzweiß gezackten Rand umgeben. Das Hauptbild zeigt das Logeninnere mit dem musivischen Pflaster aus schwarzen und weißen Fliesen. Ebenso wie die anderen Elemente auf dem Teppich repräsentieren sie hell und dunkel, gut und böse, leicht und schwierig. Die Loge hat keine Wände und ist zum Himmel hin offen. Dies symbolisiert die universelle Natur der Bruderschaft.

Auf dem Pflaster stehen unter anderem drei Säulen – eine korinthische für die Schönheit, eine ionische für Weisheit, eine dorische für Stärke. In der Mitte steht ein Podest, auf dem ein offenes Buch liegt, darauf befinden sich Winkelmaß und Zirkel. Eine Leiter führt zum Flammenden Stern am Himmel, wo auch Sonne, Mond und sieben Sterne abgebildet sind. Die Symbole auf den Sprossen stehen für moralische Tugenden.

DIE GEHEIMSCHRIFT

Die Geheimzeichen, die man auf den Arbeitstafel zum Meistergrad findet, werden mithilfe der Abbildungen auf Seite 113 entziffert. Die oberste Zeile **TC** *besteht aus den Initialen des Passwortes, gefolgt von den Buchstaben* **HAB**, *eine Zusammenziehung des Namens der Hauptfigur in der Allegorie des Meistergrades. Darunter steht das Jahr der großen Tragödie, A. L. 3000.* **AL** *sind die Anfangsbuchstaben des lateinischen „Anno Lucis", Jahr des Lichts. Hier ist es das Licht der Schöpfung.*

Auf der Arbeitstafel zum Gesellengrad wird das Innere von König Salomons Tempel dargestellt, in Blickrichtung auf das Heiligtum. Die beiden Säulen sind Jachin und Boas, die Wendeltreppe führt zum Allerheiligsten. Im Hintergrund sieht man den Jordan, einen kleinen Wasserfall und eine Kornähre.

Der Arbeitsteppich zum Meistergrad weist eine durchgehende schwarze Umrandung auf, die eine doppelte Bedeutung besitzt: Sie stellt ein Symbol der Trauer und ein offenes Grab dar. Nahe am Kopfende des Sarges ist eine Akazie abgebildet. Abermals sieht man auch den Innenraum des Salomontempels, diesmal als Miniatur auf dem Sarg. Dargestellt sind außerdem die Symbole der Sterblichkeit und die Werkzeuge des Meisters und eines Handwerkers. Am oberen Ende des Sarges befindet sich eine Plakette mit einer Inschrift.

Auf dieser Illustration aus dem Jahr 1791 nehmen Wiener Freimaurer die Arbeitstafel zur Hilfe, um die Symbolik einer der drei Gradzeremonien zu verstehen.

GLOSSAR UND BIBLIOGRAFIE

Freimaurer-Gebäude in Dublin, Irland. Das Symbol im Giebel steht für den freimaurerischen Handel.

GLOSSAR

AKAZIE
Ein immergrüner Strauch, der in der Freimaurerei ein Symbol für die Unsterblichkeit der Seele darstellt.

ALARM
Ein Signal dafür, dass jemand Einlass in die Loge begehrt. Es wird vom Ziegeldecker durch dreimaliges Klopfen an das Portal signalisiert.

ALTAR
Das zentrale Möbel in einer Loge.

ALTE PFLICHTEN
Jene Gesetze, Regeln und Legenden der Freimaurerei, die James Anderson zusammenstellte und erstmals 1723 publizierte.

ALTER
Jene Zeit, die ein Freimaurer dienen muss, bevor er in einen höheren Grad aufsteigen kann. Für einen Lehrling sind dies drei Jahre, für einen Gesellen fünf und für einen Meister sieben Jahre.

BLAUE LOGE
Die Basisloge, die drei Grade verleiht. Im Vereinigten Königreich ist der Terminus „Craft Lodge" stärker verbreitet als die Bezeichnung „Blue Lodge".

BOAS
Der Name der Säule, die links vor dem Portal zu König Salomons Tempel stand.

CHAOS
Ein Symbol der Ignoranz und der intellektuellen Dunkelheit, aus der der Mensch durch das Licht der Bruderschaft gerettet werden kann.

DREIECK
Gleichseitige Dreiecke sind das Symbol der Perfektion, doppelte einer Gottheit, dreifache (Pentalphas) von Gesundheit und Bruderschaft.

DUNKELHEIT ZU LICHT
Alle Kandidaten müssen die Loge zu den Ritualen in völliger Dunkelheit betreten, als notwendige Voraussetzung für das Licht, das sie suchen.

ECKSTEIN, SCHLUSSSTEIN
In Bauwerken der Freimaurer wird der Stein stets in der nordöstlichen Ecke platziert. Seine Oberflächen müssen quadratisch sein, seine Form daher ein Kubus – Symbol von Moral und Aufrichtigkeit. Seine Position symbolisiert den Weg von Unwissenheit zu Wissen.

FARBEN
Die Farben symbolisieren in der Freimaurerei die vier Elemente: Weiß – Erde, Purpur – Meer, Blau – Luft und Karminrot – Feuer.

FREIE KÜNSTE
Die sieben Freien Künste, die im zweiten Grad studiert werden sollen.

FÜNF

Für Freimaurer ist die Fünf eine heilige Zahl, deren Bedeutung nur von der Drei und der Sieben übertroffen wird. Im Gesellengrad braucht man zum Beispiel fünf Männer für eine Loge, während es im dritten Grad Bezüge zu fünf Punkten des Gesellengrades und zum Symbol des fünfzackigen Sterns gibt.

G

Das Symbol für Gott oder die Geometrie. Es wird für gewöhnlich an die Ostwand einer Loge gemalt oder aus Holz bzw. Metall geformt und über den Stuhl des Meisters gehängt.

GRAD

Ein Grad bereitet einen Freimaurer darauf vor, sich zu einem höheren Grad weiterzuentwickeln. Die ersten drei Grade sind Lehrling, Geselle und Meister.

IN DER UNS HEILIGEN ZAHL

Grußformel im freimaurerischen Schriftverkehr.

JACHIN

Der Name der Säule, die rechts vor dem Portal zu König Salomons Tempel stand. Sie wird mit Gesetzmäßigkeit, dem Zweiten Aufseher und dem Gesellengrad assoziiert.

KARDINALTUGENDEN

Die Freimaurerei kennt vier Kardinaltugenden: Tapferkeit, Weisheit, Mäßigung, Gerechtigkeit.

KLEINODIEN

In jeder Freimaurerloge gibt es sechs Kleinodien – drei unbewegliche und drei bewegliche. In der englischen Freimaurerei gehören zu den ersten Winkel, Wasserwaage und Lot, zu den zweiteren die beiden Steine und das Reißbrett. In der US-Freimaurerei ist es umgekehrt.

LABYRINTH

Ein Symbol für die (spirituelle) Reise durch das Leben.

LADE

Das Symbol der Loge oder eine Truhe, in der freimaurerische Urkunden, Kleinodien und Bijous aufbewahrt werden.

LICHT

Die Kleinen Lichter sind Kerzen, die im Osten, Westen und Süden in der Loge aufgestellt werden, während die Fixen Lichter Fenster im Osten, Westen und Süden sind. Die drei Großen Lichter sind das Heilige Gesetzbuch, das Winkelmaß und der Zirkel.

MARKSTEINE

Die wichtigsten sind die Erkennungszeichen, die Leitung der Bruderschaft und die Vorrechte des Großmeisters.

OSTEN

In der Freimaurerei symbolisiert der Osten, wo der Meister vom Stuhl sitzt, das Licht. Die Logenräume und -säle sind von Osten nach Westen ausgerichtet: Kandidaten schreiten bei ihrer symbolischen Suche nach Licht von Westen nach Osten.

PROFANER

Ein nicht Eingeweihter, vor dem die Geheimnisse der Freimaurer geschützt werden müssen.

PUNKT ZWÖLF

Die Bezeichnung für Mittag, wenn die Mitglieder einer Loge die Arbeit unterbrechen, um sich zu erfrischen.

RECHTECK

Ein Symbol für eine Loge, Salomons Tempel und Noahs Arche.

REISSBRETT

Das Brett, auf dem der Meister vom Stuhl schreibt, in einem symbolischen Akt, der den Bau des Tempels in Herz und Verstand repräsentiert.

SAUBERE HÄNDE

Ein Zeichen der Reinheit. Die weißen Handschuhe, die bei den Zeremonien getragen werden, spielen direkt darauf an.

SCHLÄGEL

Alte Bezeichnung für einen Hammer.

SCHLANGE

Ein Symbol für Weisheit und Heilung. Wenn sie mit ihrem Schwanz im Maul abgebildet wird, symbolisiert sie die Ewigkeit.

SCHÖNHEIT

Eine der drei symbolischen Stützen der Loge, repräsentiert durch die korinthische Säule, den Zweiten Aufseher, der die Sonne im Zenit darstellt, sowie Hiram Abif, da die Schönheit des Salomontempels ihm zu verdanken war.

SCHURZ

Das „Abzeichen eines Freimaurers“, sein erstes Geschenk, das erste Symbol, das ihm erklärt wird und der erste handfeste Beweis für seine Aufnahme in die Loge. Er besteht aus weißem Lammfell, das für Unschuld und die Notwendigkeit einer makellosen Lebensführung steht.

SEIL

Ein Seil zum Führen und Ziehen, das bei den Ritualen zu den drei Graden eine Rolle spielt.

SOCKEL

Ersatz für die drei Säulen Weisheit, Schönheit, Stärke. Sitze der drei obersten Logenbeamten.

TAPIS

Mittel zur Darstellung der Zeichen, die mit einem bestimmten Grad verbunden sind.

TEPPICH, LEHRTAFEL

Eine Tafel aus Holz oder Leinwand, auf der die Zeichen eines bestimmten Grades verzeichnet sind; dient dem Meister vom Stuhl zur Unterstützung bei seinen Vorträgen.

TREUEPFLICHT

Ein Freimaurer schuldet zuallererst jener Loge Treue, bei der er Mitglied ist, und in zweiter Linie der Großloge, in der seine Loge verzeichnet ist. Logenmitglieder schwören geheime Eide und vollziehen geheime Rituale, in denen sie der Loge und ihren Lehren ihre Treue schwören.

UNBEHAUENER STEIN

Der Begriff beschreibt einen Steinblock, wie er aus dem Steinbruch kommt. Im ersten Grad ist der raue – unbehauene – Stein ein Symbol für den Menschen in seinem natürlichen Zustand. Der perfekte Stein symbolisiert, was er durch freimaurerische Bildung werden kann.

WENDELTREPPE

Der Weg nach oben zur mittleren Kammer des Tempels. Die Stufen, Spiralen und Säulen haben für Freimaurer ganz besondere, wichtige Bedeutungen.

ZIEGELDECKER

Bezeichnung für einen Beamten der Loge, der als äußerer Wächter das Logenportal bewacht.

BIBLIOGRAFIE

Es gibt eine gewaltige Zahl an Büchern über die Freimaurerei – „die Baukunst der Brüderschaft", wie Freimaurer solche Werke bezeichnen. Manche sind sensationslüstern, andere besser. Hier werden einige vorgestellt, die zum Nachdenken anregen. Es lohnt sich auch, im Internet zu recherchieren, da viele Logen – vor allem in den USA – informative und hilfreiche Websites betreiben und manche klassischen Freimaurertexte, die gedruckt vergriffen oder schwer erhältlich sind, online verfügbar sind.

Baignent, Michael, and Leigh, Richard; **The Temple and The Lodge** *(Arcade Publishing, New York, 1989)*

Carr, Harry; **The Freemason at Work** *(Lewis Masonic, Shepperton, 1992)*

Coil, James Stevens; **Coil's Masonic Encyclopaedia** *(Anchor Communications, Virginia, 1991)*

Cotterell, Maurice M.; **The Tutankhamun Prophecies** *(Hodder Headline, London, 1999)*

Curl, James Stevens; **The Art & Architecture of Freemasonry** *(Batsford, London, 1991)*

Duncan, Malcolm C.; **Duncan's Ritual of Freemasonry** *(Crown, New York, 1976)*

Dyer, Colin; **Symbolism in Craft Masonry** *(Ian Allen, Shepperton, 1986)*

Hamill, John; **The Craft: A History of English Freemasonry** *(Lewis Masonic, Shepperton, 1994)*

Hamill, John, and Gilbert, Robert; **Freemasonry – A Celebration of the Craft** *(Aquarian Press, London, 1991)*

Jacob, Margaret E.; **Living the Enlightenment: Freemasonry and Politics in Eighteenth-Century Europe** *(Oxford University Press Inc., New York, 1992)*

Knight, Christopher, and Lomax, Robert; **The Hiram Key** *(HarperCollins, London, 1996)*

Knight, Stephen; **Brotherhood: The Secret World of the Freemasons** *(Stein & Day, New York, 1984)*

Lenhoff, Eugen; **The Freemasons** *(Lewis Masonic, Shepperton, 1994)*

Mackenzie, Kenneth; **The Royal Masonic Cyclopaedia** *(Thoth Publications, Loughborough, 1987)*

Mackey, Albert; **A History of Freemasonry** *(Gramercy Books, New York, 2005)*

MacNulty, W. Kirk; **Freemasonry: A Journey Through Ritual and Symbol** *(Thames & Hudson, London, 1991)*

Macoy, Robert; **Dictionary of Freemasonry** *(Gramercy Books, New York, 1990)*

Ridley, Jasper; **The Freemasons** *(Constable & Robinson, London, 2002)*

Robinson, John; **Born in Blood: The Lost Secrets of Freemasonry** *(Evans, New York, 1987)*

Short, Martin; **Inside the Brotherhood** *(HarperCollins, London, 1995)*

Stevenson, David; **The Origins of Freemasonry** *(Cambridge University Press, Cambridge, 1998)*

Wilmhurst, W. L.; **The Meaning of Masonry** *(Gramercy Books, New York, 1995).*

33
Zwei Hochgrad-Schärpen
Zu sehen sind eine Schärpe des Alten und Anerkannten Schottischen Ritus, 18. Grad, der „Ritter Rosenkreuzer", sowie die Schärpe eines Kommandeurs des 33. Grades, dem höchsten Grad des Schottischen Ritus. Aus den Kommandeuren des 33. Grades wird der „Oberste Rat" gebildet, eine eigene und unabhängige organisatorische Einheit, die weltweit Verbindungen pflegt und mit den jeweiligen Großlogen des Landes ein Konkordat eingeht.
Zwei Seidenschärpen, 19.Jh.
Großloge von Österreich
Two High-Degree Sashes
The display comprises a sash of the Old and Accepted Scottish Rite, 18th Degree, the "Knight of the Rose Croix", and the sash of a Commander of the 33rd Degree, the highest degree of the Scottish Rite. The 33rd Degree Commanders form the Supreme Council, a separate and independent organisational unit that cultivates global connections and enters into a concordat with the Grand Lodges of
country.
Two silk sashes, 19th
Grand Lodge of

REGISTER

Eine umfassende Ausstellung im Historischen Museum der Stadt Wien und die Beiträge im wissenschaftlichen Katalog sorgten 1992 für eine objektivere Information der österreichischen Öffentlichkeit über die immer noch mit alten Vorurteilen belastete Freimaurerei.

M

N

O

P

R

S

T

U

V

W

Y

Z

Erstveröffentlichung unter dem Titel:
„The Freemasons – Unlocking the 1000-year-old mysteries of the brotherhood"

tosa GmbH
Industriestraße 19
64407 Fränkisch-Crumbach 2022
www.tosa-verlag.de

Übersetzung: Mag. Caroline Klima/Die Textwerkstatt
Layout, Satz und Umschlaggestaltung:
design cat GmbH

ISBN 978-3-86313-307-8

Druck und Bindung in der EU
POLYGRAF PRINT spol. s r. o.
Čapajevova 44
08001 Prešov, Slowakei
www.polygrafprint.sk

Bildnachweis:
Anness Publishing dankt folgenden Personen und Institutionen für die freundliche Bereitstellung der Bilder für dieses Buch:
© 2005 JupiterImages Corporation 42; Bridgeman Art Library (BAL) 8, 13, 19, 22, 33, 36, 38–39, 52–54, 90, 98, 110–111; Fidelity Masonic Supplies 67, 82–83, 88, 114; Grand British Lodge of Columbia 4, 10, 24, 34, 54, 69, 72, 77, 85, 87, 91–93, 97, 99, 100, 105, 112–113, 119; Library and Museum of Freemasonry 51, 89; The Stapleton Collection (STC) 5, 9, 12, 14–16, 18, 20–21, 23, 25–35, 37, 40–50, 52, 56,–57, 60–68, 70–71, 73–79, 81–87, 90, 93–95, 100–109, 114, 118; Tim Wallace-Murphy 17, 18

Shutterstock: Alan Malone 116–117; David JC 6–7; Foxys Graphic U1, 3; K3Star U1, 3; NEWSODA 2–3; olllikeballoon 51; paseven 3, 5, 8, 11, 16, 19, 22, 25, 28, 30, 32, 34, 36, 40, 43, 45, 48, 51, 53, 56, 60, 62, 64, 66, 69, 72, 75, 78, 81, 83, 86, 89, 91, 94, 97, 99, 101, 104, 1 07, 110, 113, 118, 121; Pit Stock 122–123; Vera Petruk U1, U4, 58-59; Vlada Young U1, 3